Jean-Loup Dervaux
Con prólogo de Alain Calmat,
ex ministro de Juventud y Deportes
del Gobierno de Francia

LA DIETA DEL DEPORTISTA

A pesar de haber puesto el máximo cuidado en la redacción de esta obra, el autor o el editor no pueden en modo alguno responsabilizarse por las informaciones (fórmulas, recetas, técnicas, etc.) vertidas en el texto. Se aconseja, en el caso de problemas específicos —a menudo únicos— de cada lector en particular, que se consulte con una persona cualificada para obtener las informaciones más completas, más exactas y lo más actualizadas posible. EDITORIAL DE VECCHI, S. A. U.

© Editorial De Vecchi, S. A. 2019
© [2019] Confidential Concepts International Ltd., Ireland
Subsidiary company of Confidential Concepts Inc, USA
ISBN: 978-1-64461-903-2

El Código Penal vigente dispone: «Será castigado con la pena de prisión de seis meses a dos años o de multa de seis a veinticuatro meses quien, con ánimo de lucro y en perjuicio de tercero, reproduzca, plagie, distribuya o comunique públicamente, en todo o en parte, una obra literaria, artística o científica, o su transformación, interpretación o ejecución artística fijada en cualquier tipo de soporte o comunicada a través de cualquier medio, sin la autorización de los titulares de los correspondientes derechos de propiedad intelectual o de sus cesionarios. La misma pena se impondrá a quien intencionadamente importe, exporte o almacene ejemplares de dichas obras o producciones o ejecuciones sin la referida autorización». (Artículo 270)

Nadie mejor que el doctor Alain Calmat, ex campeón del mundo y subcampeón olímpico de patinaje artístico, ex ministro de Juventud y Deportes del Gobierno de Francia, para escribir el prólogo de una obra sobre la dietética deportiva.

Deseo expresar mi gratitud por el gran honor que me hace y que no puede compararse con la estima que tengo por él.

Índice

Prólogo 11

Introducción 13

Primera parte
DEPORTE Y SALUD

El deportista y la vida moderna 17
¿Qué es un deportista? 17
    Las modalidades de ejercicio 18
    La carrera deportiva 18
    Causas psicológicas de la práctica deportiva 18
    La persona 19
    El contexto 20
La influencia de la vida moderna en los deportistas 22
    Las condiciones de vida 22
    Los malos hábitos 23
    Las consecuencias de los malos hábitos 25
Los peligros del deporte mal entendido 29
    Una realidad cotidiana 29
    Las modificaciones orgánicas relacionadas
    con el esfuerzo 30

Cómo estar en forma para practicar un deporte 36
Una dieta específica 36
    Las distintas categorías de nutrientes 36
    La dieta sana 43

Dos casos particulares 50
Calcular el peso ideal 55
La importancia de los buenos hábitos 57
    El tabaco. 58
    El alcohol 58
    El descanso y la lucha contra el estrés 58
Una preparación eficaz: el «acondicionamiento físico». ... 60
    Una actividad física de resistencia suave 61
    Un miniprograma diario 62
    La gimnasia y el *stretching* 63
    Conclusión 63
Antes de empezar 64
    El chequeo cardiorrespiratorio 64
    Compruebe sus posibilidades 65
    ¿Qué deporte escoger?. 65

Segunda parte
LA DIETA DEL DEPORTISTA

PRINCIPIOS GENERALES DE LA DIETA DEL DEPORTISTA. 71
El funcionamiento del músculo 71
    Constitución y rendimiento 71
    El mecanismo de la contracción 72
    El desarrollo del esfuerzo muscular 73
    Las fibras musculares 75
Utilidad y función de los nutrientes 76
    Los nutrientes combustibles 76
    Los nutrientes de mantenimiento 79
La dieta de entrenamiento 82
    La dieta de entrenamiento estándar. 83
    Para aumentar las reservas glucógenas: el régimen
        disociado escandinavo 90
    Para aumentar la masa muscular: el régimen
        hiperprotídico cíclico 94
    Cómo tomar un suplemento graso y por qué 97
La dieta pericompetitiva (en torno a la secuencia deportiva) . 98
    Dieta precompetitiva 98
    Dieta percompetitiva 106
    Dieta poscompetitiva 111
    Dieta posdeportiva. 115

La modulación de la práctica deportiva en función
de la persona. 116
    La dieta de la deportista 116
    La dieta del joven deportista (niño y adolescente) 122
    Otras cuestiones relacionadas con la dieta del deportista . . 124
    Malestar y desfallecimiento durante
        la práctica deportiva. 124
        Deporte y alimentación especial 126
        Los medicamentos. 128
        Entrenamiento físico y psicológico 130

PRINCIPIOS TECNICODIETÉTICOS DEL DEPORTE 132
El preámbulo de la actividad deportiva. 132
    La recuperación de una buena forma física 132
    Compromiso o nivel de actividad física 134
Las modalidades técnicas del ejercicio deportivo 135
    El modo de practicar el deporte 135
    La duración de la práctica deportiva 138
    El entorno. 140
La organización temporal de la actividad deportiva 140
    El horario de la competición. 141
    El carácter repetitivo de la competición. 141

Tercera parte
FICHAS TECNICODIETÉTICAS DE CADA DEPORTE

PRESENTACIÓN DE LAS FICHAS. 145
Alpinismo. 147
Bádminton 150
Baloncesto 153
Balonmano. 156
Balonvolea 159
Body building y musculación 162
Bolos 165
Canoa y kayak. 168
Cicloturismo. 171
Danza (clásica y contemporánea) 174
Equitación 177
Esgrima 180

Esquí alpino, surf, snowboard 183
Esquí de fondo 186
Excursión pedestre 189
Fondo (atletismo) 192
Footing 196
Fútbol 199
Gimnasia (deportiva y con aparatos) 202
Golf 205
Halterofilia 208
Judo 211
Kárate 214
Karting 217
Medio fondo (atletismo) 220
Natación (800 y 1.500 m) 223
Patinaje 226
Pesca 229
Remo 232
Rugby (delantero) 235
Rugby (medio y defensa) 238
Saltos (atletismo) 241
Sprint (atletismo) 244
Squash 247
Submarinismo 250
Tenis 253
Tenis de mesa 256
Tiro con arco 259
Vela 262
Windsurf 265

Conclusión 269

ANEXOS 271

Lista de sustancias prohibidas
   por el Consejo Superior de Deportes 273

Lista de sustancias cuyo empleo en competición
   está autorizado 279

Índice analítico 281

Prólogo

Cuando miro hacia atrás y comparo mis recuerdos de los tiempos en que participaba en los campeonatos del mundo de patinaje artístico y en los Juegos Olímpicos con nuestro panorama deportivo del nuevo milenio, me doy cuenta de hasta qué punto ha cambiado el mundo de la competición en estos treinta y cinco últimos años, y en especial los métodos de preparación de los atletas de alto nivel, que, a mi entender, se ha convertido en la mayor revolución que se ha producido en el mundo del deporte.

En efecto, aunque las cualidades físicas y técnicas exigidas a los atletas siguen siendo más o menos las mismas, las técnicas de preparación psicológica y energética del cuerpo, en cambio, han evolucionado considerablemente.

Este último punto es el que el doctor Jean-Loup Dervaux se ha esforzado en explicar.

El deportista es una especie de máquina muscular, por lo que una alimentación sana y equilibrada es decisiva para que pueda conseguir los mejores resultados. Regímenes adaptados, menús específicos en función del deporte y del tipo de competición, suplementos energéticos... El momento de la comida se ha convertido en un elemento esencial de la preparación física del deportista.

El doctor Jean-Loup Dervaux nos presenta con gran acierto lo que él llama muy justamente la «dieta del deportista».

Sus consejos e indicaciones serán muy útiles para un gran número de personas —ciclistas de fin de semana, futbolistas aficionados, corredores de maratón— que por el momento desconocen los métodos establecidos por los especialistas para los competidores de alto nivel y que han demostrado con creces su gran eficacia.

Gracias a esta obra, de gran claridad y agradable lectura, el deportista aficionado o profesional, principiante o experimentado, tendrá a su disposición todo lo que debe saberse hoy en día para que los resultados estén a la altura de sus expectativas.

ALAIN CALMAT
Ex campeón del mundo y
subcampeón olímpico de patinaje artístico.
Ex ministro de Juventud
y Deportes del Gobierno de Francia

Introducción

¿Por qué era necesario este libro? ¿Por qué he decidido ponerle este título? Este manual no pretende ser una obra técnica especializada en la nutrición del esfuerzo físico, sino más bien una obra de consulta para deportistas, es decir, para todas aquellas personas que han practicado, practican o quieren practicar una actividad física deportiva, ya se trate de aficionados o profesionales.

El propósito que ha inspirado estas páginas parte de una certeza: no se es deportista sólo en el momento de la competición, sino todos los días, lo que supone cuidar tanto la alimentación como el estilo de vida.

En la primera parte de esta obra se tratará la alimentación del deportista desde un punto de vista más general; en la segunda, se incidirá en las reglas alimentarias comunes a la mayoría de deportes o deportistas; y en la tercera, podrán encontrarse todas las indicaciones concernientes a las 40 disciplinas más habituales.

Primera parte
Deporte y salud

El deportista y la vida moderna

El deporte y la salud están tan relacionados, que prácticamente son indisociables. Sin embargo, aunque está muy claro que la práctica regular del deporte es ventajosa para mantenerse sano y en forma, también es cierto, aunque es mucho menos evidente, que se debe estar sano y en forma para practicar un deporte sin riesgos.

Esta condición pone en evidencia la dificultad que entraña para un deportista hacerse cargo de los imperativos de la vida moderna y, además, el problema de las medidas —dietéticas, higiénicas, etc.— que deben tomarse para estar en forma y gozar de buena salud para practicar un deporte sin peligro.

¿Qué es un deportista?

¿Qué es un deportista o, más exactamente, qué tipo de deportista se desea ser? ¿Hasta qué punto hay que implicarse en la práctica de la disciplina que se ha escogido? ¿Qué sacrificios deben realizarse? ¿Cuáles son los peligros reales del deporte mal entendido?

Todas estas preguntas y otras más deben responderse antes de comenzar a planificar las sesiones de entrenamiento.

Podría afirmarse que existen tantos deportistas como personas, pero pueden, no obstante, sugerirse distintas posibilidades en función de los diferentes criterios como, por ejemplo, modalidades de ejercicio, relaciones psicológicas con el deporte, características individuales o contexto en el que se practica la actividad deportiva.

Las modalidades de ejercicio

Las modalidades de ejercicio pueden programarse según el tiempo que se dedique al ejercicio deportivo, el nivel de práctica y la trayectoria deportiva de la persona.

El tiempo que se dedique es muy variable: puede tratarse de un esfuerzo físico diario, de una práctica deportiva regular o, por el contrario, de un pasatiempo vacacional.

Según el grado de intensidad e interés, habrá que tomar ciertas medidas. Téngase en cuenta que las tablas de ejercicios de preparación y la alimentación serán muy distintas según el caso que se trate. Un deportista que trabaje todo el año, ya sea sin interrupción o en el transcurso de una temporada, puede practicar su deporte favorito entrenando, compitiendo en pruebas semanales y participando en competiciones locales. Según su grado de implicación, deberá prepararse para responder ante exigencias más o menos importantes.

La carrera deportiva

Un deportista es aquella persona que ha practicado, practica o practicará una actividad física deportiva. Puede que se haya entrenado siempre, o al contrario, que haya empezado a practicar deporte a los treinta años, o incluso más tarde. Quizá desee ponerse en forma, iniciarse en un nuevo deporte o bien comenzar una actividad nueva cuando se jubila. Este deporte puede convertirse también en un verdadero modo de vida, en el que la práctica y el entrenamiento se complementan con la lectura de manuales especializados, la asistencia a cursillos y la afiliación a sociedades de aficionados.

Causas psicológicas de la práctica deportiva

Ante todo, estas relaciones las dictan motivaciones que llevan a la práctica de la actividad deportiva: admiración por un deportista o un deporte, cierta familiaridad con la disciplina, integración en un colectivo (como, por ejemplo, un equipo escolar), etc. Una persona puede ser un deportista en el fondo de su alma porque le gusta o le place el esfuerzo, o bien, ser un partidario incondicional de un tipo de actividad: la precisión del tenis, el ímpetu del rugby, etc.

Lo que espera o busca cada persona en la práctica de un deporte es también muy variable: estar en forma, aprender nuevas técnicas, mantenerse en buena forma, encontrar una disciplina personal, gusto por la competición y el juego, o integración en un medio específico.

La persona

Las distintas características individuales del deportista pueden describirse física, psicológicamente, o bien según el sexo. Tanto el hombre como la mujer buscan un deporte que les ayude a mantenerse en forma y a mejorar su aspecto físico. También se busca un deporte que proporcione una cierta diversión. Todo esto es muy abstracto, evidentemente. Pero lo cierto es que el placer lúdico es uno de los incentivos principales.

En cuanto a la edad, hay que tomar como línea divisoria los cuarenta años. Antes, sobre todo si siempre se ha practicado un deporte, se producen problemas muy raramente; a partir de esa edad deben tomarse ciertas precauciones, especialmente si la mujer ya ha sufrido la menopausia.

La constitución física, evidentemente, también desempeña un papel importante: resistencia sostenida, potencia, rapidez, flexibilidad, etc., son factores que influyen en el tipo de deporte y en el modo de practicarlo.

El ámbito psicológico también es muy importante. El carácter básico de una persona puede ser frío —y con autocontrol— o bien sanguíneo, llevado a excesos. Ambos pueden estar acompañados por un cierto placer por el riesgo que se calculará o no en función del temperamento.

El temperamento más o menos individualista de la persona le llevará a un deporte solitario o de equipo, y a la práctica o no de competiciones oficiales.

En resumen, si se tiente en cuenta la complejidad de carácter de cada persona, es muy difícil hablar de casos generales. Por ello, en estos casos lo más conveniente es marcarse un cierto número de objetivos básicos, teniendo muy presente que los dos principales deberán ser, en primer lugar, la seguridad respecto a la salud, y en segundo, el placer que se sentirá al practicar un deporte. Ambos son muy importantes.

LAS PRINCIPALES MOTIVACIONES DE LOS DEPORTISTAS

Motivación	Hombres	Mujeres
Por el placer del deporte	81,9 %	77,3 %
Por la forma física	66,6 %	72,6 %
Por la facilidad de práctica	26,4 %	28,6 %
Por la estética	12,7 %	31,3 %
Por la competición	20,1 %	4,6 %
Por la salud	11,7 %	12 %
Por el éxito	12,7 %	8,5 %

El contexto

Por último, el contexto en el que vive la persona es importante, ya sea un contexto socioeconómico de orden profesional, o un contexto geográfico, pues la práctica se verá condicionada si vive en la montaña, junto al mar, en el campo, etc. El deportista puede ser un habitante de la ciudad o de sus afueras y escoger la disciplina y el método de entrenamiento que mejor se avenga con su situación.

En el ámbito de este estudio, se pueden distinguir tres grupos de deportistas en función de su «compromiso»:

DEPORTE Y DIETA: LOS TRES NIVELES

Deportista sano	Alimentación sana
Deportista aficionado	Dieta del deportista
Deportista de alto nivel	Programa personalizado

1. El deportista «sano» (generalmente urbanita) tan sólo desea mantenerse en una forma física aceptable y luchar contra los efectos nocivos del sedentarismo. En algunas ocasiones suele participar en competiciones o partidos.

Este tipo de práctica, en la medida en que está bien entendida y se realiza correctamente, es una manera nada despreciable de mantenerse en forma y prevenir las enfermedades cardiovasculares, sobre todo si se acompaña de medidas higiénicas y dietéticas adecuadas.

Entre estas medidas, bastará con seguir una dieta sana, tal como se indica en la primera parte de este libro.

2. El aficionado «comprometido» lleva a cabo una actividad deportiva más intensa que la del aficionado que desea mejorar o mantenerse en buena forma, ya que por lo general practica un deporte colectivo que exige un entrenamiento básico regular.

Este nivel de actividad implica el seguimiento de los principios dietéticos generales que se indican en la segunda parte de la obra.

3. El deportista profesional (o aficionado de alto nivel) debe prestar una especial atención a su entrenamiento y tener muy presente la necesidad de recuperar rápidamente las calorías que haya perdido. Además, la obligación de obtener cada vez mejores resultados favorece la aparición del estrés competitivo.

En este nivel, los principios generales de la dieta para el deporte son absolutamente imprescindibles y deben completarse de manera obligatoria con un programa de nutrición personalizado, establecido por un profesional competente, ya sea un médico o un dietista especializado.

EN RESUMEN

- *La definición del deportista varía según:*

— *las modalidades del ejercicio;*
— *las motivaciones psicológicas de la práctica;*
— *la constitución física y psíquica de la persona;*
— *las condiciones socioeconómicas y el entorno.*

- *Se pueden deducir tres tipos de deportistas:*

— *el deportista «sano»;*
— *el aficionado «comprometido»;*
— *el deportista profesional o aficionado de alto nivel.*

Cada grado de compromiso conlleva la adopción de una dieta adaptada.

La influencia de la vida moderna en los deportistas

El estrés y las obligaciones de la vida moderna provocan malos hábitos de nutrición y comportamiento que tendrán consecuencias desfavorables en el funcionamiento de nuestro organismo, particularmente en el ámbito cardiovascular. El riesgo que emana de ello deberá evaluarse bien antes de decidir la práctica de un deporte.

Las condiciones de vida

La vida moderna combina la civilización del «siempre más» y la del mínimo esfuerzo.

Demasiada comodidad

La vida moderna es en cierto sentido demasiado cómoda y todo está preparado para limitar el uso de nuestro propio cuerpo.

La vida moderna facilita los desplazamientos (coche, ascensor, del que se hace un uso excesivo) y la comunicación entre las personas (teléfono, teléfono interior). Eso conduce a un comportamiento que rechaza cualquier tipo de esfuerzo. Piénsese por ejemplo en el uso del mando a distancia, que permite estar sentado durante muchas horas, ya que no obliga a moverse para cambiar de programa. Esta apología de la inmovilidad afecta incluso al golf, que suele practicarse ¡desplazándose en un cochecito eléctrico!

El estrés

Es omnipresente en nuestra vida cotidiana.

Las causas del estrés son múltiples, ya sean inherentes a toda existencia humana, ya sean más específicas de nuestra época actual, y es preciso insistir en este último aspecto.

Se pueden distinguir:

— *causas físicas:* ritmo de vida endiablado, ruido, contaminación, poco respeto a los ritmos fundamentales del organismo, nutritivos particularmente;
— *causas psicológicas:* presión de la rentabilidad, temor al futuro, paro, multiplicidad de informaciones con frecuencia desagra-

dables, que llegan de todo el planeta y que acrecientan la «presión existencial».

En cuanto al estrés competitivo, está relacionado con la actividad deportiva; este tipo de estrés se relaciona muy a menudo con la competición o la prueba del deportista de alto nivel o profesional. Las consecuencias son de dos tipos:

— *consecuencias físicas:* cansancio, disminución del estado de forma general, disminución de la resistencia a las infecciones y a los pequeños malestares de todos los días; disminución de las marcas de los deportistas;
— *consecuencias psicológicas:* ansiedad, incluso angustia cuando se acerca la competición, depresión, o bien irritabilidad que puede llegar a la agresividad, en caso de malos resultados.

Los malos hábitos

Son las consecuencias casi inevitables de nuestras condiciones de vida, y, en primer lugar, del sedentarismo.

EL SEDENTARISMO

Vivimos en una sociedad sedentaria y, en cierto modo, perezosa. Hemos perdido la costumbre y el gusto por el esfuerzo físico, incluso al nivel más bajo. Utilizamos el coche para realizar un trayecto muy corto, del ascensor en lugar de las escaleras y nos valemos del teléfono interior en lugar de desplazarnos de un despacho a otro. Esta costumbre no ha perdonado ni al deporte, ya que luego vamos a jugar una partida de golf con cochecito eléctrico para no tener que andar, ¡lo que es el colmo!

Estrés y sedentarismo conllevan una sensación de malestar interior que sólo puede retumbar negativamente en las relaciones que tenemos con nosotros mismos y con nuestro cuerpo.

Esta situación desagradable, que ciertas personas han relacionado con una disminución de la tasa sanguínea de nuestras morfinas naturales, las endorfinas, nos lleva a buscar fuera un cierto consuelo, en forma de conducta de derivación y compensación que los científicos llaman *comportamientos adictivos* y que se deben a una mala gestión personal del estrés que nos acosa.

Pequeñas adicciones

El tabaco

Su uso responde a causas comportamentales y suscita una dependencia de la nicotina. Las consecuencias son: cáncer de las vías aéreas, bronquitis, enfisema, arteritis, infarto. Además, es poco compatible con el ejercicio físico, ya que corta la respiración y disminuye la oxigenación de nuestro cuerpo y sus resultados. El tabaco destruye la vitamina C, que es la vitamina del esfuerzo físico.

El alcohol

Su consumo desmesurado provoca problemas físicos: enfermedades del hígado y los nervios, y efectos psíquicos de comportamiento. Además, 1 g de alcohol aporta 7 cal sin ningún valor nutritivo, lo que explica el aumento de peso progresivo. Por otra parte, el consumo de alcohol altera los reflejos nerviosos y la rapidez de reacción.

Los excitantes

El café y el té, en exceso, desarreglan el sistema nervioso.

Los tranquilizantes

Puede tratarse de ansiolíticos o de medicamentos que favorecen el sueño (benzodiacepinas, Prozac, etc.). Se toman a menudo sin necesidad médica real. Son medicamentos químicos cómodos que «taponan nuestras relaciones con la existencia y con los demás». Disminuyen el gusto y las posibilidades de esfuerzo físico y competición.

Los malos hábitos alimenticios

Vivimos en una civilización de abundancia nutritiva y estos malos hábitos pueden afectar a:

— la *cantidad* de alimentos: exceso relativo del volumen calórico respecto al gasto físico;
— la *composición* de la alimentación: exceso de grasas, azúcares rápidos y sal;

— la *distribución* de la alimentación: máximas tomas calóricas al final del día antes del descanso o falta de tiempo necesario en las ingestas alimenticias.

Todo ello conlleva obviamente una sobrecarga calórica y por lo tanto un progresivo aumento de peso.

Las consecuencias de los malos hábitos

Estos malos hábitos pueden acarrear consecuencias a dos niveles. Pueden suponer simples desarreglos metabólicos que se ajustarán cuando se recuperen las buenas costumbres, o incluso verdaderas enfermedades que necesiten atención médica. En cualquier caso, un consejo del especialista no estará de más.

El sobrepeso

Es a menudo consecuencia de causas conjuntas: sedentarismo, más malos hábitos nutritivos, más alcohol. Crea un verdadero círculo vicioso: el aumento de peso conduce a un inmovilismo, que tiene como consecuencia un sedentarismo que aumenta por sí mismo el peso.

Trastornos circulatorios

Pueden consistir en desarreglos de la regulación del azúcar: diabetes e hipoglucemia funcional. Además, puede asociarse a un aumento de las grasas y del colesterol malo en la sangre.

Trastornos cardiovasculares

Son lesiones como el ateroma con depósito de placa de calcificación en los vasos sanguíneos o la hipertensión arterial de origen renal debida con frecuencia a un exceso de sal y al estrés. Por otra parte, en el corazón puede producirse una angina de pecho, incluso un infarto. Por último, en el cerebro puede aparecer una congestión e incluso una hemorragia cerebral.

Todo ello no es muy agradable, pero quizá sería el momento de evaluar nuestros propios riesgos en este campo.

CUESTIONARIO: EVALUACIÓN DE LOS RIESGOS CARDIOVASCULARES

Marque o trace un círculo en cada factor cuya respuesta se corresponda mejor a su perfil. Sume a continuación el total de puntos.

I. FACTORES AJENOS A LA VOLUNTAD

A. Sexo

- Una mujer joven — 1 punto
- Una mujer en la edad de la menopausia — 2 puntos
- Una mujer que ha superado la edad de la menopausia — 4 puntos
- Un hombre joven — 3 puntos
- Un hombre de más de 40 años — 6 puntos

B. Herencia

- No existen enfermos cardiacos en su familia próxima — 0 puntos
- Un pariente próximo con problemas cardiovasculares aparecidos después de los 60 años — 2 puntos
- Dos parientes próximos con problemas cardiovasculares aparecidos después de los 60 años — 3 puntos
- Un pariente próximo con problemas cardiovasculares aparecidos entre los 40 y los 60 años — 5 puntos
- Dos parientes próximos con problemas cardiovasculares aparecidos entre los 40 y los 60 años — 8 puntos

C. Edad

- Menos de 40 años — 1 punto
- Más de 40 años — 3 puntos

II. FACTORES RELACIONADOS CON LA VOLUNTAD

A. Tensión arterial

- Normal — 1 punto
- A 140/90 — 2 puntos

- Por encima de 140/90   4 puntos
- Por encima de 200/110   6 puntos

B. TABACO
- Poco o nunca   0 puntos
- Menos de un paquete   2 puntos
- Más de un paquete   5 puntos
- Más de dos paquetes   8 puntos

C. DIETA
- Sin grasas saturadas ni alimentos ricos en colesterol   1 punto
- Carne a la plancha, verduras y un poco de grasa   2 puntos
- Alimentación variada sin excesos, pero no selectiva   3 puntos
- Alimentación rica en frituras, azúcares   4 puntos
- Régimen conteniendo siempre muchas grasas
  saturadas en gran cantidad   5 puntos
- Demasiado calórica   8 puntos

D. PESO
- Un peso normal   0 puntos
- 10 kg por encima de lo normal   2 puntos
- 20 kg por encima de lo normal   4 puntos
- Más de 20 kg por encima de lo normal   8 puntos

E. ACTIVIDAD FÍSICA
- Una buena condición física   1 punto
- Un trabajo sedentario, pero mucho ejercicio físico   1 punto
- Un trabajo bastante duro, poco ejercicio   2 puntos
- Un trabajo sedentario, ejercicios en cantidad aceptable 2 puntos
- Un trabajo sedentario, poco ejercicio   4 puntos
- Un trabajo sedentario, sin ejercicio   5 puntos
- Un trabajo «estresante», sin ejercicio   8 puntos

EVALUACIÓN

- **De 5 a 10 puntos:** los riesgos de enfermedades cardiovasculares son mínimos. Puede empezar a practicar deporte sin dudarlo.

- **De 10 a 20 puntos:** los riesgos existen, pero todavía no son preocupantes. Algunas modificaciones de su modo de vida deberían bastar.

- **De 20 a 30 puntos:** los riesgos son mayores. Debe pensar seriamente en cambiar su modo de vida.

- **De 30 a 45 puntos:** los riesgos son serios. Es hora de ocuparse de ellos. Sería aconsejable la ayuda de un profesional de la salud.

- **De 45 a 55 puntos:** las posibilidades son preocupantes. Debería consultar a su médico y hacer algo sin esperar más. Debe tomar medidas estrictas rápidamente.

Los resultados que se dan en este cuestionario no permiten establecer, evidentemente, un pronóstico absolutamente seguro. De hecho, es un análisis aproximado de las probabilidades de su caso.

De todos modos, si se ha obtenido 20 puntos o más, es hora de cambiar de alimentación. Cuanto más elevado sea el riesgo, más deberán disminuir en su alimentación los alimentos azucarados y las grasas, particularmente las grasas animales, sobre todo si están cocinadas o precocinadas, y disminuir o suprimir la sal.

EN RESUMEN

- *Las condiciones de vida modernas (estrés, exceso de comodidad) conducen al sedentarismo y a malos hábitos de vida.*

- *Los malos hábitos se encuentran en el origen del sobrepeso, del ateroma, la diabetes.*

- *La evaluación de estos problemas necesita modificaciones dietéticas: disminución, entre otras cosas, de las grasas animales, azúcares, sal, etc.*

Los peligros del deporte mal entendido

Existe un riesgo, a veces mortal, de practicar un deporte sin estar en buena forma, sin tener buena salud, ya que se añade el cansancio del deporte al cansancio de la vida corriente, lo cual puede tener consecuencias muy nocivas.

Una realidad cotidiana

Algunos ejemplos

Son, desafortunadamente, numerosos.

Un patinador ruso de competición de muy alto nivel se desploma, sin vida, en los entrenamientos de los campeonatos del mundo.

Un célebre cantante es sorprendido por un infarto agudo al iniciar un partido de tenis durante sus vacaciones.

Un no menos célebre futbolista muere durante el segundo tiempo de un partido.

Un campeón ciclista, bajo sospecha de dopaje, muere durante el Tour de Francia.

Una mujer de setenta años, embajadora de un gran país, se encuentra mal mientras nada en una piscina; una hora más tarde muere de una hemorragia cerebral.

Un dibujante de historietas muere tras un electrocardiograma con prueba de esfuerzo... ¡Lógico!

Un escritor polémico es sorprendido por una hemorragia cerebral, mientras iba en bicicleta.

Un amigo de cuarenta y cinco años, ejecutivo, durante una carrera de orientación «de motivación», muere por una ruptura de aneurisma cerebral.

En la maratón de Nueva York, un participante se desploma, exánime, tras superar la línea de llegada. Lo mismo le sucedió al célebre corredor de Maratón de la antigua Grecia.

Las causas de esos accidentes

Aunque se trate de un partido de tenis, de un partido de fútbol, de una carrera u otra competición, estos fallecimientos son estereotipados: salida brusca, superación de las posibilidades durante el esfuerzo, parada demasiado brusca.

Por lo general, estos accidentes revelan una discordancia entre el esfuerzo físico que se ha exigido y el estado de salud de la persona en ese momento. Se trata a menudo de un hombre, de más de cuarenta años, o de una mujer en la edad de la menopausia.

Accidentes y tipos de deportistas

Estos accidentes suceden casi siempre con los mismos tipos de deportistas: excepcionalmente con el deportista sano, ya que sus esfuerzos son muy moderados y modulados; muy raramente con el deportista profesional, ya que conoce sus posibilidades y domina la técnica adecuada; en la gran mayoría de los casos el deportista aficionado cuyo compromiso es superior a su condición física, ya sea por gusto a la competición, arrastrado por el juego o por ponerse al nivel de un equipo. Este compromiso conlleva entonces una inconsciencia o una mala evaluación del esfuerzo físico que se realiza; y sin embargo una de las ventajas de la práctica del deporte bien llevada nos enseña a escuchar a nuestro propio cuerpo.

LOS RIESGOS DE ACCIDENTES SEGÚN EL TIPO DE DEPORTISTAS

Deportista sano	*NO, ya que el esfuerzo es moderado*
Deportista profesional	*NO, ya que el esfuerzo es controlado*
Deportista aficionado	*SÍ, ya que el riesgo está poco controlado*

Para evitar los accidentes graves, aconsejamos encarecidamente no dejarse arrastrar por la «victoria», el juego ni el equipo.

Las modificaciones orgánicas relacionadas con el esfuerzo

El esfuerzo físico tiene efectos psicológicos importantes en nuestro organismo, especialmente en el ámbito cardiocirculatorio y respiratorio. Es muy importante conocerlos bien para entender cómo puede presentar riesgos el deporte practicado sin preparación.

Aumento del ritmo respiratorio

Durante un esfuerzo, la amplitud y la frecuencia de nuestros movimientos respiratorios aumentarán, de modo que capten la cantidad de oxígeno necesaria para el funcionamiento muscular relacionado con el esfuerzo físico. La frecuencia de nuestra respiración en reposo es de aproximadamente 16 respiraciones por minuto; en caso de esfuerzo físico sostenido, puede llegar a 30 o 40 respiraciones por minuto. Del mismo modo, el volumen de aire que inspiramos en reposo es de 0,5 l; durante un esfuerzo físico más importante, puede llegar a 2, incluso a 2,5 l. El rendimiento aéreo de los pulmones rozará entonces los 100 l por minuto.

Todas esas modificaciones son necesarias, porque llevan la cantidad de oxígeno necesaria al esfuerzo físico, pero ¿son lo bastante flexibles nuestros bronquios y nuestros alveolos pulmonares para poder hacer frente a esas modificaciones? ¿Podremos absorber bastante oxígeno y, sobre todo, expulsar todo el gas carbónico relacionado con el esfuerzo?

Aumento del ritmo cardiaco

Del mismo modo, cuando realizamos un esfuerzo físico el ritmo cardiaco aumenta y los vasos sanguíneos se dilatan, de manera que puedan transportar el oxígeno hasta el lugar donde sea necesario, es decir, a los músculos. Normalmente, en reposo, nuestra frecuencia cardiaca es de aproximadamente 60 a 70 pulsaciones por minuto; durante un esfuerzo de resistencia, alcanzará las 120 pulsaciones por minuto; y 150 durante un esfuerzo en resistencia suave, y 180 pulsaciones por minuto, incluso 200, en una resistencia elevada. Los vasos sanguíneos se dilatan, obligando así al corazón a un esfuerzo complementario, y nuestra tensión arterial aumenta de forma no despreciable. ¿Es lo bastante fuerte nuestro corazón y son lo bastante elásticos nuestros vasos sanguíneos para llevar a cabo este importante esfuerzo?

Aumento de la temperatura corporal

Las contracciones musculares repetidas proporcionan obviamente un movimiento, pero también una gran cantidad de calor. La temperatura normal en reposo es de 37 °C. Durante un esfuerzo bastante sostenido, y sobre todo prolongado, puede aumentar hasta 38 o 39 °C, incluso 40 °C, sin que se pueda considerar que se trate de una enfermedad. Este aumento de temperatura será compensado mediante la aceleración de la respiración que elimina el vapor de agua y mediante la transpiración que elimina el calor a través de la superficie corporal, lo que, evidentemente, significa una pérdida de agua y una pérdida de sales minerales. ¿Están lo bastante acostumbrados nuestro organismo y nuestros sistemas de regulación de agua y sales minerales para soportar esas condiciones y evitar así la deshidratación?

VARIACIONES CARDIOCIRCULATORIAS Y RESPIRATORIAS DURANTE EL ESFUERZO				
	EN REPOSO		DURANTE EL ESFUERZO	
	Persona entrenada	Persona no entrenada	Persona entrenada	Persona no entrenada
Flujo sanguíneo	6 l	6 l	10 a 15 l	20 a 30 l
Ritmo cardiaco	70	40-50	Aceleración +++	Aceleración; luego llano (200 por 400 m)
Tensión	máx. 14	máx. 11-12	+ 50 % = 21	+ 50 % = 18 Aumento diferencial
Ventilación	8-10 l	8-10 l	25-30 l	40-50 l (e incluso más)
Frecuencia respiratoria	18	8	40	24

AUMENTO DE LOS RESIDUOS DE COMBUSTIÓN

Durante un esfuerzo físico, el músculo consume las grasas o los azúcares quemados por el oxígeno. Eso, obviamente, conlleva la producción de residuos. Esos residuos serán los de la combustión propiamente dicha: esencialmente ácido láctico, si el azúcar se quema con un aporte insuficiente de oxígeno; pero también la mioglobina, que es una proteína de degradación de la misma sustancia del músculo y que se produce sólo durante esfuerzos importantes y prolongados, que pueden, si se acumula, bloquear el riñón. Habrá también un aumento de la eliminación de urea a través del riñón debido al desgaste muscular.

Por último, incluso si todo funciona bien, se forma una producción de gas carbónico, que deberá ser eliminado a través de la respiración pulmonar. Todos esos residuos son evacuados por los órganos de eliminación que son el riñón, el tubo digestivo y la piel mediante el sudor. Del mismo modo, nuestro hígado desintoxica una cierta cantidad de esos residuos.

En cambio, si se lleva a cabo demasiado ejercicio sin preparación, se acumulan los residuos y se aumenta el grado de intoxicación, lo que puede provocar:

— una *acidosis* por aumento del ácido láctico;
— un *bloqueo* de los riñones debido a la eliminación de gran cantidad de mioglobina;
— una *inundación* por su propio gas carbónico en el origen de lo que se llama *ahogo*.

El esfuerzo físico bien entendido puede, obviamente, prestar grandes servicios. Existe sin embargo un límite que no debe superarse. El deporte puede ser a la vez beneficioso y peligroso: es preciso conocer hasta dónde se puede llegar.

Factores de riesgo

En la práctica deportiva —es decir, cuando se trate de hacer un esfuerzo físico mayor que el que se hace todos los días— el peligro más serio es la presencia de una arteriosclerosis latente o al menos de una insuficiencia cardiocirculatoria, de la que el deportista no se ha dado cuenta y que no ha presentado manifestaciones aún molestas y evidentes.

Esos fallecimientos o accidentes graves indicados más arriba fueron causados ya sea por arritmias —es decir por un defecto en el ritmo cardiaco—, ya sea por infartos o hemorragias cerebrales. Por graves y súbitos que fueran, esos accidentes, no obstante, no fueron tan sorprendentes. La edad media de esos deportistas se situaba en torno a los 40 o los 45 años. De ahí el gran interés de proceder a un equilibrio cardiocirculatorio antes de empezar a practicar un deporte, sobre todo a partir de cierta edad.

ESTRÉS COMPETITIVO Y VULNERABILIDAD DESPUÉS DEL ESFUERZO

Dos factores aumentan los riesgos relacionados con los riesgos descritos anteriormente: el estrés competitivo y el periodo de vulnerabilidad después del esfuerzo físico.

El estrés competitivo

El estrés competitivo depende de la importancia subjetiva u objetiva de la competición, que mencionan sobre todo los deportistas de alto nivel o profesionales. Depende también en parte del carácter y la constitución psicológica del individuo y obviamente también de su estado de salud preexistente.

Ese estrés precompetitivo puede traducirse entre otras cosas por descargas de adrenalina que provocarán la producción de insulina y una disminución del azúcar en la sangre, lo que sitúa a la persona en malas condiciones para iniciar la competición.

De ahí el papel del entrenamiento por una parte, que disminuye ese estrés, y, por otra, la importancia de una buena dieta cuando se acerca la competición, muy especialmente antes de su llegada, lo que limita sus consecuencias.

El periodo de vulnerabilidad a la llegada

El ejemplo más célebre, como hemos visto, es el del corredor de maratón. Corre sus 42,195 km, se detiene y cae, exánime, a la llegada.

¿Cuál es el mecanismo? Durante el esfuerzo, hemos visto que los vasos se dilatan y que se forma una producción de ácidos grasos para alimentar al músculo con combustible. Al final del esfuerzo, los ácidos siguen siendo producidos durante un cierto tiempo, mientras que los vasos se retraen, lo que puede ocasionar un grave accidente cardiocirculatorio. De ahí la importancia de terminar un esfuerzo físico de modo muy progresivo y sobre todo no fumar inmediatamente después, porque favorece los riesgos...
¡En realidad, es mejor no fumar nunca!

Es fácil observar las consecuencias cardiovasculares catastróficas de un ateroma latente durante un esfuerzo deportivo, y la gran importancia de tener una buena salud previa a toda actividad deportiva.

El deporte no debe en ningún caso servir de coartada para conservar malos hábitos higiénicos y dietéticos.

EN RESUMEN

• *Practicar un deporte sin estar en buena forma puede provocar accidentes muy graves. Sucede sobre todo con el deportista aficionado que fuerza sus posibilidades. El organismo no puede entonces asegurar las modificaciones cardiocirculatorias relacionadas con el esfuerzo.*

• *Estrés competitivo y parada demasiado brusca del esfuerzo aumentan los riesgos.*

• *El deporte no puede servir de coartada a los malos hábitos propios de la vida cotidiana.*

Cómo estar en forma para practicar un deporte

Para alejar nuestros malos hábitos y encontrar una forma compatible con la práctica de un deporte sin peligro, deben adoptarse ciertas medidas: una dieta adaptada y sana, buenos hábitos y una preparación deportiva eficaz.

Una dieta específica

Tiene una doble finalidad:

— en el día a día, evita los incidentes nutricionales y favorece un funcionamiento armonioso del organismo;
— a medio y largo plazo, evita o disminuye el sobrepeso.

Las distintas categorías de nutrientes

Son los elementos básicos de nuestra alimentación. Se distinguen:

— los *macronutrientes*, como los azúcares, las grasas, los prótidos, las fibras, etc.;
— y los *micronutrientes*, en pequeñas cantidades, son imprescindibles para el buen funcionamiento de nuestro organismo: vitaminas, sales minerales, oligoelementos.

LOS MACRONUTRIENTES Y SUS FUNCIONES

Son los que constituyen el «grueso» de nuestra alimentación. Estudiaremos sucesivamente los distintos tipos de macronutrientes y sus funciones o utilidades para el organismo.

Los glúcidos o azúcares

Deben dividirse en dos categorías:

— los *azúcares rápidos*, como la glucosa, fructosa, lactosa (leche). Esos azúcares rápidos se digieren muy rápidamente, en menos de una hora, y desencadenan una intensa secreción de insulina por el páncreas que lleva el flujo sanguíneo al normal;

— los *azúcares lentos* son los azúcares polimerizados que tardan varias horas a ser absorbidos. La reacción insulínica es, de hecho, mucho más débil. Son esencialmente los almidones para los vegetales y el glucógeno, que es la forma de reserva en los animales.

La función de los glúcidos es proporcionar la energía del movimiento. Esos azúcares se queman en todo nuestro cuerpo, produciendo una energía de 4 cal/g. Esta energía es necesaria para nuestros desplazamientos y para el buen funcionamiento de nuestro organismo, especialmente para el nivel del funcionamiento de nuestros músculos.

Los azúcares rápidos se utilizarán en caso de esfuerzo intenso: es la gasolina «súper». Mientras que los azúcares lentos se utilizarán en caso de esfuerzo más prolongado: es la gasolina «normal».

Los glúcidos rápidos se encuentran en los alimentos de gusto dulce, azúcar blanco y frutas esencialmente.

Los glúcidos lentos y semilentos se encuentran en los alimentos harinosos: pan, pastas, arroz, sémolas; las patatas (glúcido semilento); y las féculas: guisantes, lentejas, judías secas.

Las necesidades globales en azúcares son de 300 g al día, glúcidos rápidos y lentos incluidos. Es decir, el 55 % del aporte calórico aproximadamente en función de la actividad física.

Los lípidos o grasas

Están constituidos por ácidos grasos montados en cadenas cortas o largas.

Existen distintas variedades de grasas:

— las grasas llamadas *saturadas*, las más nocivas, aumentan el colesterol malo, las grasas en la sangre y el ateroma, y se en-

cuentran en las grasas animales, pero también en el aceite de palma (y ciertas margarinas);
— las grasas llamadas *insaturadas* aumentan el buen colesterol y luchan contra la hiperlipidemia y el ateroma; son las grasas de origen vegetal, pero también las de pescado.

Las grasas tienen, también, un papel energético, pero su rendimiento es superior al de los glúcidos (9 cal/g). Dan energía para la vida corriente y el esfuerzo básico, y también energía calorífica: es nuestro combustible. Aportan, además, ciertos ácidos grasos indispensables y las vitaminas A, D, E y K.

Se encuentran lípidos vegetales en el cacahuete, el maíz, el girasol, la oliva, las oleaginosas. Y los lípidos animales en la mantequilla, la manteca de cerdo, la charcutería, la carne grasa, el pescado graso. Las necesidades globales son de 80 g al día.

Los prótidos o sustancias hidrogenadas

Están formados por aminoácidos reunidos entre sí; 1 g de prótidos da 4 cal.

GRASAS ANIMALES Y VEGETALES SATURADAS E INSATURADAS		
Grasas animales	Saturadas	Insaturadas
Mantequilla, manteca de cerdo, tocino, crema fresca	x	
Carnes, charcutería, quesos, huevos	x	
Pescados		x
Grasas vegetales	Saturadas	Insaturadas
Oleaginosas, frutos secos		x
Margarinas blandas, aceites vegetales		x
Aceite de palma	x	

Su papel es doble: garantizar primero el crecimiento y la reparación de nuestra materia viva, muy especialmente los músculos, así como aportar también ciertos aminoácidos (unos diez), que no sabemos fabricar.

Los prótidos animales se encuentran en las carnes, las aves, la charcutería; el pescado, los crustáceos; los huevos, los lácteos.

Los prótidos vegetales se encuentran en los productos derivados de los cereales: el pan, las legumbres (lentejas, guisantes, soja, etcétera).

Las necesidades globales en un adulto son aproximadamente de 1 g por kilo en términos generales, que deberán aumentarse en el niño y la mujer embarazada.

Las fibras

Aunque no se absorben, se consideran un nutriente asociado. Están compuestas esencialmente por celulosa (membrana de células vegetales), lignina y pectina.

Se encuentran en las verduras y ciertas frutas, como por ejemplo la piña, y los glúcidos lentos brutos, como el arroz y el pan integrales.

Su papel es aumentar el volumen alimenticio y luego el volumen fecal, favorecer así las secreciones digestivas y la movilidad del tubo digestivo; además desempeñan una función limpiadora, de microcepillado del colon. Las necesidades son de 20 a 30 g al día aproximadamente.

La función y la utilidad de los distintos nutrientes

Se distinguen clásicamente dos tipos de nutrientes: los que son capaces de garantizar las necesidades energéticas del organismo y los que garantizan las necesidades plásticas (de reparación).

Puede dibujarse esta clasificación distinguiendo los nutrientes combustibles y los nutrientes de mantenimiento. Esta clasificación se adapta completamente a la dieta para el esfuerzo deportivo y será analizada de nuevo en la segunda parte, ya que de momento se prestará más atención a una propiedad más importante en el campo de la alimentación sana: el almacenamiento nutritivo.

El almacenamiento nutritivo

Algunos nutrientes, por su constitución química o su metabolismo, son muy almacenables y se transforman fácilmente en reserva de grasa, otros medianamente y otros muy poco o nada.

REPARTO DE NUTRIENTES Y ALIMENTOS EN FUNCIÓN DE SU ALMACENAMIENTO			
Periodo del día	1.er tercio	2.º tercio	3.er tercio
Nutrientes/ alimentos	Muy almacenables	Medianamente almacenables	Poco o nada almacenables
	Grasas y azúcares rápidos	Azúcares lentos (cereales y féculas)	Prótidos y fibras

En cuanto a los glúcidos, es preciso distinguir muy claramente:

— los *glúcidos rápidos*, que son muy almacenables, debido a la repetición de ingestión. La secreción de insulina pancreática obliga a una nueva ingestión de glúcidos rápidos... Y así continuamente;
— los *glúcidos lentos*, que el organismo asimila muy bien y cuya transformación en grasas es una vía accesoria. Son pues poco almacenables.

Los lípidos son muy almacenables por naturaleza, ya que son cuerpos grasos. Además, el organismo los asimila muy mal. Los prótidos son muy poco almacenables. Los que se ingieren de más, son, en su mayoría, eliminados. Las fibras no son almacenables, obviamente, ya que son sólo un simple alimento de tránsito sin ningún valor calórico. En total, pueden considerar tres grupos de nutrientes en función de su almacenaje:

— los *glúcidos rápidos* y los *lípidos*, que son muy almacenables por repetición de ingestión;
— los *glúcidos lentos*, poco almacenables;
— el conjunto de *prótidos* y *fibras*, no almacenables.

Todo ello deberá tenerse en cuenta a la hora de preparar los alimentos diarios, a fin de evitar el almacenamiento calórico.

TABLA RECAPITULATIVA DE LAS CATEGORÍAS DE NUTRIENTES

CATEGORÍAS

	Función	Valor calórico	Almacenaje	Origen
Glúcidos rápidos	Combustible Esfuerzo intenso Absorción = 1 h	4 cal/kg	Muy almacenable por repetición de ingestión	• Azúcar blanco (sacarosa) • Frutas (fructosa)
Glúcidos lentos	Combustible Esfuerzo sostenido Absorción = Varias horas	4 cal/kg	Medianamente almacenables	• Cereales y derivados (pan, pastas, arroz, sémola, etc.) • Legumbres (guisantes, lentejas, etc.) • Patatas
Lípidos	Combustible Calor Mal contabilizados	9 cal/kg	Muy almacenables	• Animales (carne, mantequilla, manteca de cerdo, charcutería) • Vegetales (oleaginosos, aceite vegetal)
Prótidos	Mantenimiento Reconstrucción Aminoácidos esenciales	4 cal/kg	No almacenables	• Animales (carnes, lácteos, huevos, pescados) • Vegetales (leguminosas, soja)
Fibras	Mantenimiento Limpieza No absorbidas	0	No almacenables	Verduras y frutas cocidos o crudos

NUTRIENTES Y ALIMENTOS	
Glúcidos rápidos 4 cal/g Muy almacenables	— Entremeses, pastelería, azúcares — Confitura, postres azucarados, miel — Chocolates o helados
Lípidos 9 cal/g Muy almacenables	— Aceite, mantequilla — Nata, margarina vegetal, oleaginosas — Platos con salsas — Charcutería, carnes grasas
Glúcidos lentos 4 cal/g Medianamente almacenables	— Pan, cereales — Pastas, arroz, patatas — Legumbres, judías, lentejas
Prótidos 4 cal/g No almacenables	— Carnes a la plancha — Pescados — Huevos — Lácteos
Fibras 0 cal/g No almacenables	— Verduras crudas — Verduras cocidas — Frutas crudas o cocidas

Los micronutrientes

Son los principios nutritivos absorbidos en muy pequeña cantidad y que son muy útiles para el buen funcionamiento de nuestro organismo. Son necesarios ya sea en la constitución del organismo (sales minerales), o bien en el buen funcionamiento (oligoelementos de carácter simple y vitaminas de constitución poco compleja).

Las vitaminas

Garantizan el buen funcionamiento de nuestro organismo. Salvo muy raras excepciones, nuestro organismo no las fabrica, por lo que deben tomarse en pequeñas cantidades. Destacan las vitaminas hidrosolubles en agua, de constitución glúcido-proteica; su eventual exceso se elimina por la orina. Por otra parte, existen las vitaminas liposolubles o solubles en las grasas: tomadas en exceso pueden dar lugar a sobredosis.

Las vitaminas hidrosolubles se encuentran sobre todo en la alimentación vegetal; las vitaminas liposolubles se encuentran en las grasas de origen animal, pero también vegetal.

La tabla de la página 44 precisa, la denominación de las vitaminas, su interés para el deportista, sus fuentes y la cantidad que debe consumirse por día. En resumen, todo lo que debe conocerse sobre las vitaminas liposolubles e hidrosolubles.

Las sales minerales

Son las sustancias de constitución simple, imprescindibles para la constitución o el funcionamiento del organismo. En la tabla de la página 45 se detallan sus denominaciones, sus propiedades y sus fuentes.

Los oligoelementos

Son las sustancias presentes en muy pequeña cantidad en los tejidos, con frecuencia metales o metaloides, y son indispensables para el buen funcionamiento del organismo.

La tabla de la página 45 precisa su denominación, sus propiedades y sus fuentes.

La dieta sana

Su función es asegurar un aporte nutritivo para una vida normal asociada a una actividad física. Precisaremos sucesivamente el volumen alimenticio, su distribución durante el día, y luego emprenderemos el análisis de ciertos puntos específicos que afectan específicamente al sobrepeso.

El volumen alimenticio

Precisa la cantidad de calorías o el volumen calórico diario. Debe decirse enseguida que se sitúa en orden de las 2.000-2.500 cal diarias.

LAS VITAMINAS

Vitaminas liposolubles	Vitaminas	Interés para el deportista	Fuentes alimentarias	Aporte diario
	A Retinol	Agudeza visual Prueba nocturna	Hígado, huevos, mantequilla, leche, frutas, zanahorias, verduras	33 mg
	D Calciferol	Fijación del calcio Solidez ósea	Yema, lácteos, mantequilla, pescados (aceites e hígado)	10 a 15 mg
	E Tocoferol	Rejuvenecedora y antioxidante Solidez ósea	Semillas oleaginosas y aceites vegetales, mantequilla, huevos	30 mg
	K	Coagulación de la sangre Solidez ósea	Verduras, tomates, fresas, hígado	Garantizada por el hígado Autosuficiencia
Vitaminas hidrosolubles	B_1 Tiamina	Buena conducción nerviosa Reflejos	Levadura, gérmenes de cereales, frutas, verduras, legumbres, aves, pescados	5 a 10 g
	B_6 Piridoxina	Reconstitución muscular y de las proteínas	Levadura, gérmenes de cereales, frutas, legumbres, aves, pescados	20 a 30 g
	B_{12} Cobalamina	Rejuvenecedora Antianémica Anticansancio	Buey, hígado, riñones, yema, crustáceos, marisco, pescados	15 mg
	C Ácido ascórbico	Tonicidad Antiinfecciosa	Frutas, verduras, hígado, legumbres, menudillos	100 a 300 mg
	PP Nicotinamida	Metabolismo Digestión de los glúcidos	carnes, hígados, riñones, pescados, cereales	30 a 50 mg

LAS SALES MINERALES Y LOS OLIGOELEMENTOS

	Denominación	Papel	Fuentes alimentarias
Sales minerales	Sodio	Rehidratación	Aguas minerales, sales de cocina, charcuterías, quesos, leche, pescado, crustáceos
	Potasio	Contracción muscular y cardiaca	Aguas minerales, frutas y verduras, legumbres, carnes, pescados, repostería
	Magnesio	Acción neuromuscular y reflejos	Aguas minerales, chocolate, oleaginosos, legumbres, trigo, pan, pescado, marisco, hígado
	Calcio	Solidez del esqueleto	Aguas minerales, lácteos, queso, legumbres, verduras, frutos secos
	Fósforo	Estructura ósea	Queso, leche, fruta, legumbre, yema de huevo, carne, pescado, sesos
Oligoelementos	Cobre	Antiinfeccioso	Hígado, ostras y nueces, crustáceos, huevos, legumbres, verduras
	Flúor	Solidez ósea	Té, soja, café, productos del mar
	Cinc	Antiinfeccioso	Carne, crustáceos, cereales, fruta
	Hierro	Antianémico	Carne, despojos, ostras, huevos, legumbres, soja, cacao
	Yodo	Regulación metabólica	Sal marina, pescado, crustáceos, marisco, huevos
	Selenio	Antioxidante	Huevos, cebollas, gérmenes de trigo
	Cromo	Asimilación de los glúcidos	Levadura de cerveza

Sin embargo, hay que tener en cuenta que algunas pérdidas energéticas son imprescindibles para el buen funcionamiento de nuestro organismo:

— los gastos básicos útiles para el funcionamiento del organismo (1.500 cal al día);
— los gastos para la regulación térmica, que permiten mantener el equilibrio térmico a 37 °C (150-200 cal);
— la ADS (acción dinámica específica) alimenticia: coste energético de puesta en funcionamiento de un alimento —digestión, transformación— (100 cal).

Por último, para el trabajo muscular, el gasto es variable según la intensidad o la duración. En el adulto, el consumo calórico es más importante en el hombre que en la mujer. Obviamente, este consumo aumenta con el esfuerzo físico, ya sea medio o importante. Ciertas necesidades fisiológicas aumentan el consumo calórico (mujer embarazada, mujer en periodo de lactancia). El niño consume proporcionalmente más calorías que el adulto respeto a su volumen corporal. Eso se debe al hecho de que se trata de un organismo en crecimiento. El consumo disminuye y se vuelve inferior al del adulto en los ancianos.

CONSUMO MEDIO DE CALORÍAS	
Hombre	2.200-2.700 cal
Mujer	2.000-2.400 cal
Mujer embarazada	2.200-2.800 cal
Mujer lactante	2.900-3.600 cal
Niño	2.500-3.500 cal
Anciano	1.800-2.200 cal

Esquemáticamente y en función de lo que nos interesa aquí —es decir, el deporte—, puede decirse que el consumo medio, incluyendo todas las edades y sexos, es de 2.000 a 2.500 cal para la dieta sana; de 3.000 a 3.500 cal para la dieta de entrenamiento del deportista asiduo y de 4.000 a 5.000 cal para la del deportista de muy alto nivel.

LA COMPOSICIÓN DE NUESTRA ALIMENTACIÓN:
UNA ALIMENTACIÓN «EQUILIBRADA»

Nuestra alimentación sana debe comportar proporciones armoniosas de glúcidos, lípidos y prótidos.

El consumo recomendado por la Organización Mundial de la Salud expresado en porcentaje es el siguiente:

REPARTO GLOBAL MEDIO DE LAS CATEGORÍAS DE NUTRIENTES PARA UN DÍA (OMS)	
Prótidos	20 %
Lípidos	25 %
Glúcidos rápidos	5 %
Glúcidos lentos	50 %
Los lípidos se reparten como sigue:	— 2/3 vegetales; — 1/3 animales.
Los prótidos se reparten como sigue:	— 1/2 vegetales; — 1/2 animales.

En un periodo de 24 horas:

— glúcidos: 55 %, de los que: glúcidos lentos 45-50 %, glúcidos rápidos 5-10 % (reservados al esfuerzo);
— prótidos: 15 a 30 %, asegurando un reparto mitad en prótidos animales y mitad en prótidos vegetales;
— lípidos: representarán el 25 a 30 % de la dieta (2/3 de lípidos vegetales insaturados, 1/3 de lípidos animales saturados).

Sin embargo, hay que tener en cuenta que estos datos son aproximados.

Expresando de otra manera las proporciones de nutrientes, el reparto propuesto por el doctor Creff es el siguiente: para garantizar una variedad suficiente y un equilibrio en los aportes alimentarios, la proporción entre las partes de glúcidos, prótidos y lípidos debe ser de cuatro partes de glúcidos, dos de prótidos y una de lípidos.

De este modo, cada día debe llenarse el plato de la siguiente forma:

- Cuatro partes de glúcidos que incluyan:
  — alimentos crudos: ensalada, tomate, etc.;
  — alimentos crudos que aporten fibra: legumbres, etc.;
  — un glúcido de digestión lenta: pan, arroz, sémola, biscotes, galletas, etc.;
  — un glúcido de digestión rápida: miel, mermelada, confitura, compota, chocolate.

- Dos partes de prótidos que incluyan:
  — un prótido lácteo que aporte calcio: leche, queso, etc.;
  — un prótido no lácteo: carne, pescado, huevo, crustáceos y marisco, etc.

- Una parte de lípidos que incluya:
  — media parte de lípidos de origen animal: mantequilla, nata, grasas animales (tocino, manteca de cerdo, etc.);
  — media parte de lípidos de origen vegetal: aceite (aliño, por ejemplo), margarina, frutos oleaginosos (nueces, avellanas, almendras, cacahuetes).

La distribución de nuestra alimentación

Debe realizar una arquitectura nutritiva lógica respetando nuestros ritmos nutritivos. Deriva pues, obviamente, de principios básicos de la cronodietética.

Tiene como objeto quemar al máximo nuestras reservas calóricas del día lo más regularmente posible y tiene en cuenta en primer lugar el tiempo que pasa desde que la persona se levanta hasta que se acuesta (16 horas aproximadamente durante un día de actividad para 8 horas de sueño).

¿Cuántas comidas es preciso realizar cada día?

Si el tiempo entre dos tomas alimenticias aumenta, el organismo tiene tendencia a crear reservas por miedo al hambre. El tiempo transcurrido entre dos comidas debe ser de entre tres horas y media y cuatro horas aproximadamente (el tiempo que tarda el estómago en vaciarse).

Por consiguiente, debemos realizar cuatro tomas alimenticias al día (4 × 4 = 16):

— un desayuno digno de este nombre;
— almuerzo;
— merienda (entre las cinco y las cinco y media);
— cena.

Podría añadirse un refrigerio a media mañana, hacia las 11 horas, y un sencillo resopón hacia las 23 horas.

¿Qué cantidad tomar y en qué comida?

El aporte calórico debe ser decreciente durante el día, si no el organismo realiza reservas en exceso durante el sueño.

De media, un 55-60 % del volumen calórico en la primera mitad del día (hasta las 15 horas), 40-45 % en la segunda mitad. El reparto suele ser así:

— 25 % en un desayuno copioso;
— 35 % en un almuerzo de plato único;
— 25 % en una merienda abundante;
— 15 % en una cena ligera;
— el refrigerio (5 %) si es necesario, se descontará del almuerzo;
— el resopón puede descontarse de la merienda (5%).

REPARTO LÓGICO DE LA ALIMENTACIÓN					
Mañana		Tarde		Noche	
Desayuno	Refrigerio	Almuerzo	Merienda	Cena	Resopón
25 %	5 %	30 %	20 %	15 %	5 %
60 %		15 h		40 %	

¿Qué categoría de alimento y en qué comida?

Entre las categorías de alimentos, algunos, como ya hemos visto, pueden ser calificados de alimentos «combustibles», ya que sirven para hacer funcionar el organismo; se trata de glúcidos o azúcares (rápidos o lentos) y de lípidos o grasas.

Estos alimentos tienen tendencia a transformarse bastante rápidamente en reservas de grasa, sobre todo los lípidos y los glúcidos rápidos.

Otros alimentos son de mantenimiento; se trata de las proteínas que permiten reconstruir el cuerpo tras el esfuerzo y las fibras que sirven para limpiar el aparato digestivo. Esta última categoría de alimentos no es transformable prácticamente en reservas grasas.

Debemos, por consiguiente, reservar los alimentos muy almacenables o almacenables para los dos primeros tercios del día activo y los alimentos muy poco o no almacenables para el último tercio del día activo. Así, en el desayuno, se permiten todas las categorías nutritivas, incluidas las grasas y los azúcares.

En el almuerzo, es preciso vigilar las grasas y sobre todo los azúcares rápidos. En la merienda, deben privilegiarse los azúcares lentos poco almacenables.

Y en la cena, se optará por los prótidos y las fibras esencialmente, ya que no son almacenables. No obstante, también es aconsejable una pequeña parte de glúcidos lentos, ya que facilita el sueño aumentando el flujo sanguíneo de serotonina (hormona cerebral), mediante un aminoácido llamado triptófano.

Este principio básico debe ser modulado en función de las duraciones respectivas de nuestras mañanas y tardes, de la distribución de nuestros esfuerzos físicos durante el día y del eventual sobrepeso que debemos perder (véase tabla de la página siguiente).

Dos casos particulares

ATEROMA Y DIABETES

Ambos deben ser tratados por un médico; sin embargo, pueden tomarse directamente algunas medidas.

En caso de ateroma o hipertensión: es conveniente disminuir, incluso suprimir, las grasas saturadas, es decir, las grasas animales y vegetales a base de aceite de palma (ciertas margarinas).

Es preciso emplear aceites vegetales para el aliño (girasol, maíz, oliva). Es preferible consumir pescado que carne. Además, no debe añadirse demasiada sal en los alimentos.

Configuración de las comidas para un día

Cantidad: 2.000-2.500 cal por día.
Composición: glúcidos 55 %, lípidos 30 %, prótidos 15 %.
Distribución: 60 %-40 % aproximadamente.

El desayuno

A menudo suele olvidarse que debe ser abundante, ya que debe proporcionar al menos el 25 % del aporte calórico diario.

Su composición:

— una taza de café o de té azucarado (el café con leche debe evitarse);
— tres o cuatro biscotes o tostadas con mantequilla, confitura o miel;
— un vaso de cereales con leche azucarado (copos de maíz, arroz, sémola, etc.) o un yogur azucarado;
— un trozo de carne fría o un huevo (duro o pasado por agua);
— embutidos o queso;
— una fruta madura de temporada o un vaso de zumo.

El almuerzo

Es la comida principal del día. Deberá proporcionar aproximadamente un 35 % del aporte calórico diario.

Su composición:

— ensalada, tomate, zanahoria..., o una ensalada verde con aceite de oliva y limón;
— carne o pescado, preferentemente a la plancha, asado o hervido. Las salsas grasas y las frituras deben ser, obviamente, consumidas con moderación;
— legumbres (judías, guisantes, zanahorias, etc.) o fécula (arroz, pasta, patatas, etc.);
— queso o un yogur;
— una fruta de temporada madura;
— si se cree conveniente, un vaso de vino tinto o una taza de café con azúcar.

La merienda

Debe ser sólida (20-25 % del aporte calórico diario).

Su composición:

— una taza de café, té o infusión con azúcar;
— dos o tres biscotes o tostadas con mantequilla, confitura, miel o biscotes secos;
— bocadillos de jamón, carne magra o pescado;
— un yogur con poco azúcar, un plátano;
— una fruta madura o un vaso de zumo.

La cena

Ligera, debe aportar un 15-20 % del aporte calórico diario.

Su composición (debe tenerse en cuenta lo que se ha ingerido al mediodía):

— un potaje de verduras;
— verdura cocida con fécula;
— carne blanca o pescado magro (huevos raramente);
— queso magro o yogur poco azucarado;
— una fruta madura o cocida (compota), poco azucarada, antes de acostarse.

51

En caso de diabetes grasa por agotamiento de la glándula pancreática, es preciso disminuir los azúcares rápidos que provocan una importante secreción de insulina, utilizando casi exclusivamente los azúcares lentos.

El aporte alimentario se repartirá en seis comidas ligeras al día para evitar las ajetreos nutritivos.

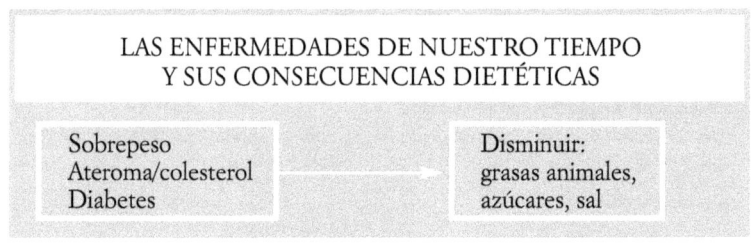

LAS ENFERMEDADES DE NUESTRO TIEMPO
Y SUS CONSECUENCIAS DIETÉTICAS

Sobrepeso
Ateroma/colesterol
Diabetes

Disminuir:
grasas animales,
azúcares, sal

EN CASO DE SOBREPESO NOTORIO
(10 A 15 KG APROXIMADAMENTE)

Los principios de la alimentación sana definidos más arriba conllevan en sí mismos los fundamentos de un regreso a un peso normal. Sin embargo, en caso de sobrepeso importante, de 10 a 15 kg, sería preciso seguir las indicaciones siguientes.

Distribuir rigurosamente la alimentación durante el día

• Número de comidas: cuatro con un refrigerio y un resopón por la noche, de manera que se coma menos en cada toma alimentaria.

• Dejar absolutamente de comer entre comidas y repetir o rebañar pan en las comidas.

• Cantidad en cada comida: aplicar un reparto de comidas 60 %-40 % estricto (véase tabla pág. 49), con una cena ligera y bastante temprana (hacia las ocho o las ocho y media).

• Distribución estricta de los *nutrientes*:

— dejar de tomar glúcidos rápidos después del desayuno o el refrigerio;
— dejar de tomar lípidos después del desayuno;

— dejar de tomar glúcidos lentos después de la merienda;
— en la cena: exclusivamente prótidos y fibras.

Regla de las 18 horas: después de las seis de la tarde, únicamente prótidos y fibras.

Establecer el principio de una alimentación preferente

De hecho, siguiendo nuestros malos hábitos, consumimos a menudo demasiados alimentos dulces o demasiados lípidos, especialmente saturados. Es preciso adoptar una alimentación que nos haga preferir las carnes blancas, los pescados, las verduras y legumbres y las frutas a los platos con salsa, los harinosos y los postres muy azucarados. Teniendo en cuenta esto, podemos determinar la composición de una alimentación preferente. En este sentido, es conveniente:

• Suprimir o reducir al máximo: la charcutería, los quesos ricos en materias grasas, los cuerpos grasos, la mantequilla y el aceite en cantidad; el alcohol, los azúcares y dulces, las pastelerías, helados y chocolates.

• Preferir, hasta llegar a acostumbrarse: la mantequilla *light*, la leche descremada, el arroz, las pastas alimenticias, las patatas y las lentejas.

• Favorecer en cada comida: los alimentos crudos; las verduras; la fruta, el pescado, las aves (sin piel), la carne magra, los lácteos.

• Beber al menos 1,5 l de agua diario, y más aún en caso de calor o los días de actividad deportiva, y preferentemente fuera de las comidas.

Disminuir el volumen calórico

• *Suprimir* las grasas de 9 cal y los azúcares rápidos.

• *Disminuir* los glúcidos lentos con un consumo mínimo, sin embargo, de 100 g por día.

• *Aumentar* las fibras (verduras, legumbres, fruta) y la proporción de prótidos.

- *Adoptar* el principio de la unidad en la toma alimenticia: un solo plato, una ración de ese plato, un orden preferente, una cucharada tras otra.

Encontrar la manera de ayudarse con fármacos y remedios naturales

- La homeopatía: *Antimonium crudum* 4 CH: tres pastillas antes de cada comida.

- Los oligoelementos: cinc, níquel y cobalto: una ampolla antes de cada comida.

- Las plantas: extracto de cola: 200 mg antes de cada comida.

- Mucílagos: un sobre antes de cada comida.

- Concentrados proteínicos: una dosis antes de cada comida.

Obviamente, en caso de un sobrepeso más importante (obesidad superior al 20 %), es preciso acudir al médico.

El método de adelgazamiento debe efectuarse en este orden, pues de lo contrario no surtirá efecto.

RESUMEN DEL PROGRAMA DIETÉTICO EN CASO DE SOBREPESO		
1	2	3
Reparto en seis tomas alimenticias al día	Alimentación preferente: disminuir las grasas y los azúcares	Disminuir el volumen calórico: disminuir los glúcidos lentos

El peso ideal

En cuanto al peso, es preciso que no olvidemos estas dos reglas esenciales:

— cuando el peso disminuye, el gasto energético disminuye también;
— ninguna actividad deportiva ha sido concebida para adelgazar, pero es preciso tener un peso razonable para practicar el deporte sin peligro.

> DIEZ CONSEJOS PARA UNA
> BUENA ALIMENTACIÓN
>
> *1. Tome al menos cuatro comidas al día: desayuno, almuerzo, merienda y cena.*
> *2. Levántese 10 minutos más temprano para tomar un desayuno consistente.*
> *3. Sepa sentarse 20 minutos para tomar un almuerzo equilibrado.*
> *4. Dedique entre 10 y 15 minutos a media tarde para merendar con toda tranquilidad.*
> *5. Disminuya progresivamente su cena, verá como desayuna con más facilidad.*
> *6. En función de la duración de su mañana o de la tarde, debe preverse un pequeño refrigerio hacia las once y media de la mañana o un ligero resopón hacia las once de la noche.*
> *7. En el desayuno: se permiten todas las categorías de alimentos.*
> *8. En el almuerzo: pocas grasas y azúcares (una pieza de fruta mejor que un postre azucarado).*
> *9. En la merienda: dé preferencia a los glúcidos lentos (galletas, vienesas, etcétera).*
> *10. En la cena: prefiera la carne sin grasa, el pescado, las verduras.*

Calcular el peso ideal

Es preciso haber recuperado un peso correcto antes de reanudar la actividad deportiva, y para ello, es conveniente conocer su peso ideal: la referencia más unánimemente admitida en la actualidad es el índice de la masa corporal, o índice de Quetelet, obtenido dividiendo el peso actual por el cuadrado de la altura: $IMC = P/A^2$.

Obtendrá así su IMC actual. El IMC deseado en su caso se calcula estadísticamente sobre un gran número de personas en norma ponderada; es lo que la acerca más a la realidad. Debe ser inferior a 25 en el hombre inferior a 23 en la mujer.

Esta referencia, que tiene presentes la altura y el sexo, puede también modularse tomando en cuenta la osamenta, ligera, media, fuerte.

Ciertamente, no tiene en cuenta la edad, pero consideramos que eso sólo enmarañaría una cosa que no es del todo mala: no es obligatorio ganar peso con la edad, al menos eso no debe considerarse como un evolución fisiológica ineluctable.

TABLA DE LOS IMC (ÍNDICES DE MASA CORPORAL)

Para el hombre (peso en kilos)

Altura (en metros)	Osamenta ligera (IMC: 20-21)	Osamenta media (IMC: 22)	Osamenta fuerte (IMC: 23-25)
1,60	51-54	56,3	59-64
1,62	52,5-55	57,7	60,5-65,5
1,64	54-56,5	59,1	62-67
1,66	55-58	60,6	63,5-69
1,68	56,5-59,5	62,1	65-70,5
1,70	58-61	63,6	66,5-72
1,72	59-62	65,1	68-74
1,74	60,5-63,5	66,6	69,5-75,5
1,76	62-65	68,1	71-77,5
1,78	63,5-66,5	69,7	73-79
1,80	65-68	71,2	74,5-81
1,82	66-69,5	72,8	76-83
1,84	68-71	74,5	78-84,5
1,86	69-72,5	76,1	79,5-86,5
1,88	70,5-74	77,7	81-88,5
1,90	72-76	79,4	83-90

Para la mujer (peso en kilos)

Altura (en metros)	Osamenta ligera (IMC: 18-20)	Osamenta media (IMC: 21)	Osamenta fuerte (IMC: 22-24)
1,50	40,5-45	47,2	49,5-54
1,52	42-46	48,5	50,8-55,4
1,54	43-47,5	49,8	52,2-56,9
1,56	44-48,5	51,1	53,5-58,4
1,58	45-50	52,4	54,9-59,9
1,60	46-51	53,8	56,3-61,4
1,62	47,5-52,5	55,1	57,5-63
1,64	48,5-54	56,5	59,1-64,5
1,66	50-55	57,9	60,6-66,1
1,68	51-56,5	59,3	62,1-67,7
1,70	52-58	60,7	63,6-69,4
1,72	53-59	62,1	65,1-71
1,74	54,5-60,5	63,6	66,6-72,7
1,76	56-62	65,1	68,1-74,3
1,78	57-63,5	66,5	69,7-76
1,80	58,5-65	68	71,2-77,8

En realidad, como ya hemos visto, nuestro peso deseado oscila entre dos valores de más y de menos. Una aproximación de 2 a 3 kg es razonable. Para el IMC de Quetelet, se pueden dar como valores extremos entre 18 y 24 con una media de 21 para la mujer y entre 20 y 25 con una media de 22 para el hombre. Para determinar fácilmente si nuestra osamenta es ligera, media o fuerte, es suficiente realizar el test de la muñeca: con el pulgar y el índice, rodee como un brazalete su otra muñeca, justo al nivel de la articulación. La osamenta es:

— ligera si los dedos se juntan netamente;
— media si se tocan las puntad de los dedos;
— fuerte si los dedos quedan un poco alejados.

Si está fuera de la tabla:

— busque primero su IMC en función de su sexo y de su osamenta;
— multiplique este IMC dos veces por su altura en metros;
— obtendrá luego su peso en kilos.

Por ejemplo: para un hombre de 2 m de osamenta media, con un IMC de 22, el peso ideal es de 88 kg (22 × 2 × 2 m).

EN RESUMEN

- *La alimentación sana debe garantizar un peso correcto y un buen funcionamiento del organismo. Su volumen calórico diario es de 2.500 cal aproximadamente.*
- *La composición de la alimentación debe ser armoniosa.*
- *La distribución durante el día debe ser lógica.*
- *Sobrepeso, colesterol y diabetes necesitan medidas particulares.*

La importancia de los buenos hábitos

Una buena dieta es básica para estar en forma, pero debe, estar acompañada lógicamente de una buena higiene de vida, sobre todo en lo que respecta al tabaco, alcohol y horas de sueño.

El tabaco

Es absolutamente necesario dejar de fumar, aunque debe hacerse a velocidad de crucero, es decir, no en periodo de mucho trabajo, evidentemente, ni durante las vacaciones, ya que se volvería a fumar al reincorporarse al trabajo.

Dejar de fumar plantea dos problemas: un problema de dependencia a la nicotina, que puede resolverse con los parches de nicotina; y un problema psicológico que puede resolverse con calmantes de medicina suave o productos sustitutivos (chicles, regaliz, etc.). Existen también chicles de nicotina que pueden resolver los dos problemas al mismo tiempo. Los extractos homeopáticos de tabaco y la auriculoterapia pueden ayudar.

En cuanto al aumento de peso, es sólo temporal y se reduce con el ejercicio físico que entonces puede volver a practicarse.

El alcohol

Es preciso beber la menor cantidad de alcohol posible, ya que es un producto peligroso para la salud. Sin embargo, se puede consumir con moderación cerveza, que tiene propiedades diuréticas; vino de buena calidad (especialmente el tinto), cuyos taninos favorecen la digestión. Los alcoholes fuertes naturales de grano, whisky por ejemplo, tienen un efecto favorable, a pequeñas dosis, para la circulación.

Es conveniente en cambio suprimir los licores. Es necesario también prestar mucha atención a los acompañamientos, que a menudo son muy grasos y salados.

Por otra parte puede decirse que en conjunto el alcohol tiene la doble desventaja de provocar un aumento de peso incompatible con el esfuerzo físico, y, evidentemente, disminuir o alterar los reflejos, lo que es perjudicial en algunas prácticas deportivas.

El descanso y la lucha contra el estrés

El descanso puede lograrse sólo con un sueño natural que además es un elemento de lucha contra las consecuencias del estrés. El sueño provocado por los somníferos es un sueño artificial, que conduce a la larga a una falta de tonificación general. El sueño ideal debe, pues, tener en cuenta la duración, que es variable

CONSEJOS HIGIÉNICOS Y DIETÉTICOS PARA DEPORTISTAS SANOS		
	Malos hábitos y consecuencias	Medidas que deben adoptarse
Alimentación	Exceso = sobrepeso + sedentarismo	Tomar cuatro comidas al día: desayuno, almuerzo, merienda, cena Intercambiar: desayuno abundante y cena ligera En la cena: prótidos y fibras exclusivamente
Alcohol	Exceso = sobrepeso + problemas en el sistema nervioso	Lo menos posible Nunca por la noche
Tabaco	Exceso = mala respiración	Muy poco, o, mejor, nada
Calmantes y somníferos	Exceso = sueño pesado y reblandecimiento muscular	Supresión o medicinas suaves
Ejercicio físico	Ausencia = reblandecimiento + disminución de las eliminaciones	Resistencia suave: 20-30 minutos, tres o cuatro veces por semana Todos los días: miniprograma tonificante Beber 2 l de agua diarios
Ritmo de vida y descanso	Ausencia = desequilibrio físico y psíquico	Ritmo de vida más tranquilo y lo más regular posible 8 h de sueño diarias

según la persona, así como el horario. Es preferible acostarse temprano y levantarse temprano. Los problemas del sueño, dificultades para dormirse, despertares nocturnos o despertares prematuros pueden ser combatidos con medicamentos suaves.

En cuanto a la lucha contra el estrés, este puede ser combatido con los mismos medios naturales asociados a la relajación, al entrenamiento autogénico, etc., que se acerca al entrenamiento psicológico de los deportistas, como se verá más adelante.

Algunos antiestresantes naturales:

— homeopatía: *Gelmesium* 5 CH, tres pastillas tres veces al día;
— oligoelementos: manganeso-cobalto, una o dos dosis diarias;
— plantas: yemas de tilo, 30 gotas tres veces al día.

EN RESUMEN

- *Tabaco y deporte son incompatibles.*
- *El alcohol no es necesario; aunque puede consumirse de modo razonable.*
- *La lucha contra el estrés y el sueño natural deben dejarse en manos de la relajación y de medicamentos suaves.*

Una preparación eficaz: el «acondicionamiento físico»

La preparación física es básica para lograr una buena forma, vaya a disputarse o no una competición. Comprenderá sesiones de actividad física de resistencia suave, un miniprograma para todos los días, y por fin una tabla de gimnasia, musculación y *stretching*.

PROGRAMA DE ACONDICIONAMIENTO FÍSICO COMPLETO		
Práctica de resistencia suave: — Marcha rápida o *footing* ligero — Bicicleta estática o exterior — Natación en piscina — Remo — Esquí de fondo — Gimnasia acuática	30-40 minutos 3-4 veces por semana	+ respiración amplia-rítmica
Miniprograma durante el día + 20-30 minutos de marcha por la tarde	Todos los días	+ respiración amplia-rítmica

Una actividad física de resistencia suave

Tiene como objetivo luchar contra los efectos de la vida moderna. Se trata de una actividad practicada en modo aeróbico[1] y que no debe conducir a una deuda de oxígeno. Esta actividad, que consiste esencialmente en ejercicios de refuerzo cardiorrespiratorio, nos hace trabajar a medio y largo plazo. Debe ser razonable, ya que conviene practicarla durante toda la vida.

CONDICIONES GENERALES DE EJERCICIO

Para que no sea peligrosa, esta actividad física deberá respetar las siguientes reglas:

— al principio, estará precedida por un periodo de calentamiento progresivo de unos diez minutos;
— durante la sesión física de unos veinte minutos, el esfuerzo será regular, moderado y prolongado, a su ritmo;
— el fin de esta actividad física será progresivo y durará también unos diez minutos; la intensidad del esfuerzo será suficiente para acelerar la respiración y el pulso (no más de 120 pulsaciones por minuto) y conllevará una sudación ligera;
— se acompañará de una respiración amplia, regular, bien ritmada (cuidado con la calidad del aire respirado);
— practique el ejercicio con regularidad y con progresión.
— por último, habrá que aprender a escuchar al propio cuerpo para evitar las «sobredosis».

EFECTOS FAVORABLES

Los efectos favorables están relacionados con distintos mecanismos:

— un mecanismo de estimulación biológico que tendrá como consecuencia el aumento del consumo celular de oxígeno;
— un estímulo general de nuestro metabolismo que pondrá de nuevo «a la máquina a quemar calorías»;

---

1. Capacidad del sistema de transportar oxígeno de los pulmones a los tejidos. Multiplicación de las facultades del organismo en utilizar este oxígeno. Cuando el aporte de oxígeno no es suficiente, el organismo recurre al sistema anaerobio, es decir a la proporción de glucógeno muscular.

- un aumento del volumen muscular, del que el músculo es una bomba de calorías, incluso en reposo;
- une efecto de refuerzo cardiorrespiratorio progresivo, con estimulación de los órganos de eliminación;
- por último, nuestras células van a aprender a utilizar en este régimen los lípidos de modo preferente que el glucógeno.

Una sesión de 30 a 40 minutos tiene efectos de estimulación durante 48 horas; es pues necesario, para que tenga un efecto constante, practicar dicha actividad tres o cuatro veces por semana.

CONSECUENCIAS FAVORABLES

Estas sesiones tendrán consecuencias favorables tanto para la salud como para la silueta, ya que permitirán eliminar el estrés, las calorías excesivas y las toxinas, y tendrán efectos físicos similares a los del *fitness*, además de un notable refuerzo psicológico.

PRINCIPALES ACTIVIDADES FÍSICAS

Las principales actividades serán:

- la marcha rápida o *footing* ligero o los dos combinados (en exterior o sobre cinta);
- la bicicleta estática o el llano en el campo;
- la natación: largas distancias en piscina;
- el remo de ritmo regular o el remo estático;
- el esquí de fondo;
- la gimnasia acuática.

No deben incluirse las siguientes actividades:

- el aeróbic, ya que se trata de una gimnasia demasiado rápida que necesita mucho oxígeno;
- por la razón inversa, la gimnasia asiática (como el tai-chi chuan), ya que es demasiado lenta.

Asimismo, pueden practicarse las diferentes actividades deportivas derivadas de las anteriores. Estas distintas actividades pueden alternarse o combinarse: por ejemplo triatlón en aeróbico, natación, bicicleta, carrera...

Un miniprograma diario

Se trata de pequeños esfuerzos físicos repetitivos para mantener el aumento del metabolismo entre dos sesiones de resistencia. Para ello, será preciso:

— efectuar a pie trayectos cortos;
— subir las escaleras a pie, al menos algunos pisos;
— permanecer de pie mejor que en el sofá para hablar;
— realizar *minifooting* sin moverse del sitio cuando se esté solo;
— evitar permanecer sin hacer nada demasiado tiempo.

Todo deberá acompañarse de una respiración amplia y profunda.

La gimnasia y el *stretching*

Aunque se trate de movimientos de gimnasia rítmica, de movimientos de estiramiento o de ritmos respiratorios, la finalidad buscada es la siguiente: descontracción y estiramiento de los músculos y los tendones; flexibilización de la columna y las articulaciones, desbloqueamiento y desarrollo de la caja torácica; creación o mantenimiento de la correa abdominal. Por lo tanto, puede escoger en todos los programas que le serán propuestos en los libros especializados un programa básico de 10 a 20 ejercicio que deberá practicar diariamente.

Conclusión

El estrés psicológico se transforma en cansancio físico, que conlleva un descanso reparador. El acondicionamiento físico es válido en sí mismo o hacia una actividad deportiva más acentuada.

RESUMEN

- *El acondicionamiento físico es imprescindible para una buena salud.*
- *Las sesiones de resistencias suave deben ser practicadas tres veces por semana o menos.*
- *Miniprograma, gimnasia o* stretching*: todos los días si es posible.*

Antes de empezar

Está en forma o por lo menos todo parece indicarlo. ¿Cuáles son las últimas medidas que debe tomar antes de empezar a practicar un deporte?

El chequeo cardiorrespiratorio

¿Cuándo debe realizarse? Justo antes de iniciar su actividad deportiva. La finalidad será doble, ya que permitirá:

— descubrir las contraindicaciones formales o pasajeras a la práctica del deporte;
— evaluar el estado fisiológico del futuro deportista.

En cuanto a los medios, conducirán a una doble evaluación: la del bloque motor cardiorrespiratorio y la del estado general.

El *chequeo del bloque motor cardiorrespiratorio* se establecerá con las pruebas funcionales respiratorias, de las que la más simple es la espirometría. Incluirá también pruebas cardiocirculatorias: pulso, tensión (en descanso y tras el esfuerzo). El electrocardiograma en reposo, o junto con una prueba de esfuerzo, será practicado a partir de la edad de treinta y cinco años. Por último, si existe una anomalía o después de los cincuenta años, los exámenes podrán ser más profundos (Holter, electrocardiograma en continuo durante 24 horas o ecocardiograma). La evaluación del estado general se realizará esencialmente mediante el pesado y los análisis de sangre: índice de lípidos sanguíneos, del colesterol, de la glucemia, del ácido úrico, de la creatinina, etc.

Las deducciones

Pueden conducir a un reacondicionamiento a veces muy progresivo, de forma que se evite el sobreesfuerzo cardiaco y se utilicen más específicamente los lípidos como combustible (por ejemplo, la marcha, la bicicleta, a baja velocidad).

En caso de sobrepeso, son preferibles, al menos temporalmente, las actividades físicas de desarrollo (bicicleta, natación) a las actividades físicas que comporten golpes en el suelo, como por ejemplo el *footing*.

Compruebe sus posibilidades

Sepa ante todo definir sus capacidades físicas: flexibilidad, fuerza, resistencia. Encontrará en las distintas publicaciones que tratan la «buena forma y la condición física» pruebas y cuestionarios que le permitirán apreciar su flexibilidad (tocar los pies con las manos, con la piernas tendidas, etc.), su fuerza (¿cuántas flexiones puede hacer?) o su resistencia (¿cuántas flexiones y extensiones de las piernas puede realizar con un pulso inferior a 100 o 120 pulsaciones por minuto?).

¿Qué deporte escoger?

OBJETIVO DESEADO

En función de la personalidad

Ciertas personas prefieren entrenarse solas, lejos de toda obligación social. Otras, en cambio, buscan en el deporte una forma de amistad o compartir el espíritu de equipo, por ello suelen ingresar en clubes deportivos o se afilian a asociaciones de aficionados.

El gusto por el esfuerzo físico, la competición o el juego. Le toca escoger.

Lo esencial: la práctica satisfactoria

A la hora de practicar un deporte o un ejercicio físico, es fundamental que sea agradable. Si una persona se aburre, rápidamente se arriesgará a espaciar los entrenamientos y finalmente acabará por abandonarlo. Así pues, ¡no escoja la natación si aborrece el agua o el fútbol si el barro le repugna!

Sea como sea, el mejor deporte es el que prefiera practicar y es siempre posible e incluso deseable adaptar y dosificar las actividades en función de sus capacidades.

¡Sepa que nunca es tarde para empezar!

Practicar una actividad con alguien es a menudo más fácil ya que dos personas pueden animarse mutuamente.

LA EDAD

Si la revisión médica es satisfactoria, nada le impide empezar a nadar a los setenta y cinco años o a practicar *footing* a los ochenta. Todo se limita a conocer sus propios límites.

Debe simplemente ser consciente que, al envejecer, los huesos son más frágiles. Evite los deportes traumatizantes después de los sesenta años.

LOS TIPOS DE ACTIVIDAD FÍSICA

Para simplificar, distinguiremos tres: las actividades físicas básicas, las actividades físicas intensas y las actividades físicas de alto riesgo.

LOS TRES TIPOS DE ACTIVIDAD FÍSICA		
Nivel de actividad	Condición física	Implicación dietética
Básico	Correcta	Alimentación sana
Intenso	Buena	Dieta deportiva completa
De alto riesgo	Demasiado nivel	Programa dietético personalizado

Las actividades físicas básicas

Son la marcha, el *footing*, la natación, la bicicleta, etc.

Características: esta actividades permiten empezar suavemente y alcanzar progresivamente un nivel de resistencia en el transcurso del cual el ritmo cardiaco se sitúa cerca de las 130 pulsaciones por minuto. No se producen excesivos problemas con los músculos, tendones y articulaciones. No es preciso aprender técnicas importantes. Son deportes de «resistencia sostenida» (esfuerzos de larga duración pero de débil intensidad).

Permiten obtener una buena forma física y se inscriben en la dieta «sana».

Las actividades físicas intensas

Son el tenis, el squash, el esquí alpino, el windsurf, los deportes de pelota (fútbol, rugby, baloncesto, balonvolea), las artes marciales (judo, aikido, kárate, etc.).

Características: estas actividades exigen un trabajo de «resistencia» más o menos suave para el que el corazón tiene que esforzarse al máximo. Es necesario un entrenamiento previo para evitar todo accidente muscular, tendinoso, articulatorio o cardiaco. Son los deportes de «resistencia» (esfuerzos breves, pero de gran intensidad).

Necesitan una buena forma física previa y se inscriben en la dieta de entrenamiento o del deporte.

Las actividades de alto riesgo

Son el submarinismo, el alpinismo, etc.

Características: por lo general, estas actividades necesitan una extrema vigilancia, una consciencia plena del peligro y un aprendizaje técnico muy importante. El esfuerzo es a menudo una resistencia dura.

Sin embargo hay que tener cuidado, ya que, se trata de una clasificación destinada a la mayoría y que se refiere a los deportes de ocio! Esta clasificación puede ser muy diferente para los deportistas de competición (y según los criterios escogidos). Participar en una carrera de 400 m puede ser mucho más duro que disputar un partido de tenis de cuatro horas.

Necesitan una forma física de alto nivel y una dieta muy estudiada y personalizada.

EN RESUMEN

- *Antes de empezar la práctica deportiva, a menudo es necesario el chequeo cardiorrespiratorio. Debe comprobar sus posibilidades.*
- *Escoja su deporte en función de sus motivaciones, de su estado físico.*
- *Los tres tipos de actividades físicas requieren un nivel dietético correspondiente.*

Segunda parte
La dieta del deportista

Esta segunda parte le mostrará con detalle cuanto debe saberse sobre la dieta para la práctica de la actividad deportiva. Las indicaciones que se han dado en la primera parte se refieren siempre al entrenamiento del deportista «sano».

Abordaremos primero los principios generales de la dieta del deportista.

A continuación, analizaremos los principios tecnicodietéticos de los deportes partiendo de los requerimientos de cada disciplina y analizando sus consecuencias dietéticas.

En la tercera parte podrá verse la aplicación práctica de estas consideraciones.

Principios generales de la dieta del deportista

En este capítulo veremos los principios básicos de la dieta del deportista y las recomendaciones generales para la mayoría de deportes, así como algunos consejos complementarios centrados en su mayoría en el esfuerzo físico: constitución de reservas, rendimiento óptimo sin desfallecimiento y eliminación de residuos para una rápida recuperación.

Como la finalidad de todo esto es la movilización de nuestro cuerpo, en primer lugar habrá que tener en cuenta el funcionamiento muscular.

El funcionamiento del músculo

La finalidad última de la dieta del deportista es la contracción del músculo, ya que este utiliza como combustible durante su funcionamiento la energía de los nutrientes proporcionados por la alimentación. Es preciso, pues, para entender bien este último aspecto, conocer los mecanismos del funcionamiento del músculo.

Constitución y rendimiento

CONSTITUCIÓN

El músculo estriado (por oposición al músculo liso de las vísceras) está constituido por un cuerpo muscular más o menos voluminoso, sujeto por tendones a estructuras óseas y que tiene como finalidad movilizar dichos huesos. Cada músculo es abordado por un nervio que se divide y garantiza así la orden de la contracción muscular del cerebro. El cuerpo del músculo está compuesto por fibras musculares. Un cierto número de fibras reagrupadas (una unidad) está sujeto a una rama de terminaciones nerviosas; las fibras de un músculo, pues, no se contraen todas al mismo tiempo.

La misma fibra muscular está constituida por miofibrillas que están formadas por dos tipos de prótidos, la actina y la miosina, muy importantes para la contracción del músculo. Esas miofibrillas están bañadas por un líquido celular llamado *sarcoplasma* que contiene las reservas energéticas necesarias para el funcionamiento del músculo.

Rendimiento

Anticipándose a las consecuencias del funcionamiento muscular, es preciso saber que su rendimiento es bastante mediocre. Durante el ejercicio muscular, sólo una parte —aproximadamente un 25 %— de la energía química proporcionada por los nutrientes se transforma en energía mecánica; el resto se transforma en calor en el interior del cuerpo, con las consecuencias que un ejercicio muscular sostenido puede tener en el funcionamiento de nuestro organismo.

El mecanismo de la contracción

Se trata de un fenómeno más complejo de lo que pueda parecer en un primer momento y que podría compararse al funcionamiento de un motor de automóvil.

El influjo eléctrico del músculo

Es, en cierto modo, la chispa de la bujía del motor. El cerebro envía la orden de contracción muscular que se pasea a lo largo del nervio motor y que llegará a la unión entre el nervio y el músculo, para luego ser distribuido a las distintas unidades motrices de referencia.

Una consecuencia visible: el músculo se acorta, se contrae. ¿Pero qué sucede a una escala más pequeña en el interior del músculo?

La micromaquinaria del músculo

Es en cierto modo el sistema de pistón-biela del motor muscular. Ya hemos hablado de la actina y de la miosina. En descanso, estas dos proteínas están situadas en alternancia y se encabalgan parcialmente. Durante la contracción muscular, se encabalgan totalmente y se ponen una al lado de otra, realizando así una especie de imagen microscópica de la contracción muscular.

Esta microcontracción multiplicada por el número de fibras en una unidad muscular, multiplicada por el número de unidades motrices referidas, conduce al fenómeno de la contracción muscular visible a simple vista. Pero, evidentemente, todo ello ocasiona un gasto energético y nos lleva al siguiente punto.

La mezcla detonante del músculo

La ATP o adenosintrifosfato es la mezcla detonante del músculo, compuesta por una proteína, la adenosina, y por tres fosfatos. Su ruptura en AMP (ácido adenosinmonofosfato) y PP (radical pirofosfórico) —un poco como un cometa que pierde una parte de su cola— liberará la energía que será utilizada para la contracción muscular.

Pero la ATP es una mezcla detonante reciclable: AMP y PP se combinarán de nuevo y formarán la ATP, como reserva de un aporte de energía proporcionado por el oxígeno y un combustible (glucosa o ácido graso). Eso sucede hasta la contracción muscular siguiente.

El desarrollo del esfuerzo muscular

El músculo podrá contraerse siguiendo tres procesos diferentes según si utiliza sus reservas de ATP o bien el combustible con o sin la presencia de una cantidad suficiente de oxígeno; debe notarse que el combustible glucídico está allí, mientras que los ácidos grasos y el oxígeno deben llegar allí a través de la sangre.

Utilización de las reservas de ATP

Este proceso de corta duración utiliza las reservas de ATP durante la fase de arranque del trabajo muscular o la totalidad del esfuerzo si este es breve e intenso. La energía que proporcionan al músculo sus reservas permite una contracción máxima de una duración de 20 segundos. Corresponde a las reservas de ATP propiamente dichas y a la renovación de la ATP por la creatina fosfato acumulada en el músculo. Este tipo de energía se utiliza especialmente en los saltos, los lanzamientos, la carrera de 100 m, por ejemplo.

LOS TRES MODOS DE FUNCIONAMIENTO DEL MÚSCULO			
Modo	Duración	Consecuencia	Ejemplo de deporte
Utilización de las reservas ATP	Algunos segundos	Cansancio	Halterofilia
Energía = azúcar + poco o nada de oxígeno	Algunos minutos	Ácido láctico	Fútbol
Energía = azúcar o ácido graso + oxígeno	Hasta algunas horas	Gas carbónico	Carrera de fondo

Utilización de glucosa con poco oxígeno o sin él

Este proceso puede establecerse muy deprisa, pero no instantáneamente, y utiliza como fuente de energía la glucosa, desprendida sobre todo del glucógeno muscular. Esta glucosa ayudará a la síntesis de la ATP. Si no hay bastante oxígeno, la glucosa, en lugar de transformarse en agua y en gas carbónico, se transformará en ácido pirúvico, luego en ácido láctico que se acumulará poco a poco en el organismo y dificultará la contracción muscular.

Este proceso, llamado también glucólisis anaerobia (lisis de la glucosa sin oxígeno), puede proporcionar al músculo energía durante aproximadamente un minuto a dos minutos y medio. Está limitado por la capacidad que tiene el organismo de acumular ácido láctico y por la aparición de calambres musculares Se utiliza, sobre todo, en las carreras de 400 y 800 m.

Utilización de glucosa o de ácidos grasos con oxígeno

Este proceso es de aparición más tardía que los otros dos. Se utiliza como combustible la glucosa de origen muscular o hepática, o los ácidos grasos que provienen de las reservas del organismo. La presencia de oxígeno en cantidad suficiente supone una producción de energía a la vez más importante y sobre todo mucho más duradera que en el proceso precedente.

Este proceso de glucólisis o de lipólisis aeróbica predomina en los esfuerzos de larga duración, superior a tres horas de tipo resistencia sostenida. Si el aporte de oxígeno, de glucosa y de lípidos es suficiente, el esfuerzo puede proseguirse casi indefinidamente. Las principales pruebas deportivas de referencia son el maratón o las carreras de larga duración, como el esquí de fondo, por ejemplo.

Utilización de combustible en el tiempo

El músculo utiliza distintos combustibles según la duración del esfuerzo. Los glúcidos se utilizan en primer lugar y los lípidos llegan a continuación. Puede decirse que tras dos horas de esfuerzo aproximadamente, un 50 % de la energía proviene de los lípidos, y, al cabo de tres horas, esta proporción pasa al 80 %. Nos referimos solamente a la duración del esfuerzo físico y no a su intensidad.

Las fibras musculares

Todas las fibras del músculo pueden ser la base de uno de los tres modos de aportación energética descritos en los párrafos anteriores, pero, sin embargo, a niveles más o menos importantes. Las fibras musculares a este nivel pueden dividirse en dos categorías: las fibras musculares rojas y las fibras musculares blancas. Sus características son muy distintas.

Las fibras musculares rojas tienen un funcionamiento aeróbico. Su puesta en circulación es larga, así como su plazo de agotamiento. Intervienen sobre todo en esfuerzos físicos de intensidad media y larga duración. Son de constitución robusta.

Las fibras blancas tienen un funcionamiento anaerobio predominante. Su puesta en marcha es rápida, pero se cansan bastante rápido. Intervienen sobre todo en los esfuerzos físicos de corta duración y de gran intensidad. Son más frágiles que las fibras rojas.

La contracción muscular puede, asimismo, ser de dos tipos:

— *contracción dinámica:* produce un movimiento de corta duración;
— *contracción estática:* mantiene el cuerpo en una cierta actitud durante un tiempo bastante largo. Algunos músculos son más aptos para una contracción estática o una contracción dinámica. Por ejemplo, una bailarina va de puntas con los músculos de los gemelos, pero se alzará sobre las puntas con la parte de los músculos de los gemelos que contienen más fibras blancas, y se mantendrá en ellas con la parte de los músculos de los gemelos que contienen más fibras rojas.

EN RESUMEN

• *La contracción muscular necesita el influjo nervioso y combustible (oxígeno).*

• *El músculo puede contraerse:*
— *algunos segundos utilizando sus reservas;*
— *algunos minutos con glucosa sin oxígeno;*
— *mucho tiempo con glucosa, lípidos y oxígeno.*

• *Las fibras rojas son así fibras de la resistencia sostenida. Las fibras blancas son las de la potencia instantánea.*

Utilidad y función de los nutrientes

Del estudio precedente del funcionamiento muscular, se puede deducir que existen dos tipos de nutrientes:

— los que sirven de *combustible*; pueden almacenarse antes del esfuerzo, o utilizarse durante el esfuerzo;
— los que permiten la *eliminación de las toxinas* y la *reconstitución del tejido muscular* tras el esfuerzo.

Sin olvidar el oxígeno, que es indispensable, antes, durante o después del esfuerzo, para poder asimilar esos distintos nutrientes.

Los nutrientes combustibles

Son los que aseguran las necesidades energéticas del organismo. Existen dos categorías: los glúcidos y los lípidos. Los mismos glúcidos se dividen en dos partes: los de utilización rápida como la glucosa, y los de utilización lenta, representados en el cuerpo humano por las reservas del glucógeno.

Recordemos que los glúcidos rápidos (glucosa) son el combustible de tipo «queroseno», que debe utilizarse con moderación, reservándolos para los casos de urgencia: esfuerzo físico importante o signos de insuficiencia glucídica (hipoglucemia).

Los glúcidos lentos representan el combustible «ordinario», que debe utilizarse corrientemente; se reservan a los esfuerzos sostenidos y prolongados. Los lípidos son para el organismo el combustible de efecto calorígeno (su proporción aumenta naturalmente en invierno) y se utilizan para los esfuerzos de bajo nivel.

El glucógeno (reserva de glúcidos lentos)

Se divide en dos sectores distintos:

• El *glucógeno hepático* — 150 a 200 g de reserva— es un nutriente «para llevar», se introduce en la circulación y asegura preferentemente la nutrición en el cerebro. La disminución o la supresión de estas reservas provocan una hipoglucemia con aparición de malestar, debilidad, ya que el cerebro no puede ser alimentado por lípidos. Garantiza una autonomía de tres cuartos de hora aproximadamente.

• El *glucógeno muscular* —reserva de 300 a 400 g— es un combustible «que debe consumirse al instante», que no puede desplazarse ni de un grupo muscular a otro, ni de un músculo a otro. Su disminución provoca calambres y debilidad a nivel muscular. Asegura una autonomía de una hora y media aproximadamente.

Con todo, el glucógeno representa 2.000 cal de reserva, es decir poco. Se trata de un combustible excelente que permite desarrollar un esfuerzo intenso, que empieza a ser utilizado a partir del 60 al 75 % de nuestra capacidad máxima de esfuerzo (nos referimos aquí a la intensidad del esfuerzo y no a la duración). Las reservas permiten 90 minutos de esfuerzo; a partir de ese momento el organismo utiliza lípidos.

El glucógeno desprende 4 cal/g, pero es un combustible rápidamente movilizable y utilizable por el organismo.

LA BUENA DIGESTIÓN DEL GLUCÓGENO		
	Almacenar	Ahorrar
Glucógeno muscular	Recarga glucogénica ocho horas antes	Entreno: utilización de ácidos grasos
Glucógeno Hepático	Comida precompetitiva tres horas antes	Ingestión de glucosa durante la competición

La reconstitución del almacenamiento de los glucógenos se prolonga mucho en el tiempo, sobre todo si la alimentación aporta sólo el 50 a 55 % de glúcidos. De ahí el papel del aumento de las reservas glucogénicas por una ración hiperglucídica y el del entrenamiento que permite ahorrar el glucógeno y utilizar preferentemente los lípidos.

La glucosa se utiliza en el momento del esfuerzo propiamente dicho, ya sea por degradación del glucógeno hepático, ya sea por absorción directa de alimentos durante el esfuerzo, lo que permitirá ahorrar las reservas de glucógeno y evitar malestares y calambres.

Los lípidos

Las reservas lipídicas del organismo son casi inagotables; están situadas alrededor del intestino, debajo de la piel, en los músculos. Constituyen el combustible del esfuerzo durable y poco intenso: esfuerzo de bajo nivel al 50 % o menos de la capacidad máxima. Producen pocos residuos, esencialmente gas carbónico que es eliminado por la respiración.

En cambio, sólo permiten un esfuerzo poco intenso: es un mal combustible. Su rendimiento energético es superior al de los glúcidos, 9 cal/g, pero por contra es un combustible más difícilmente movilizable y utilizable por el organismo. Los lípidos de origen vegetal o marino (pescado) están formados por largas cadenas de ácidos grasos poliinsaturados que, además de su efecto benéfico en el ámbito de la salud, poseen un valor nutritivo superior al de las cadenas cortas y poco saturadas de origen animal.

Las reservas de lípidos representan 55.000 cal, o sea un 80 % de las fuentes de energía de una persona normal en la vida corriente.

Origen: esencialmente las formas de reserva de glucosa, más allá de las reservas de glucógeno necesarias. Muy poca aportación directa de grasas.

LA UTILIZACIÓN DE COMBUSTIBLES DE ESFUERZO

El organismo se comporta como el motor de un automóvil que funcionase con gasóleo o con gasolina en función de la velocidad a la que se corriese.

Cuando se producen esfuerzos intensos, el organismo tiene tendencia a utilizar, por orden, primero el glucógeno, luego los lípidos y, como último recurso, los prótidos (el músculo entonces se autodigiere).

UTILIZACIÓN DE LOS COMBUSTIBLES
EN FUNCIÓN DEL ESFUERZO

	COMBUSTIBLES	
Esfuerzo	Glúcidos	Lípidos
Duración del esfuerzo	Corta	Larga
Intensidad del esfuerzo	Fuerte	Débil

El consumo de glucógeno aumenta con el porcentaje de esfuerzo máximo. Al 50 % y por debajo, el organismo utiliza lípidos; al 60 % utiliza el 50 % de glucógeno, y al 90 %, utiliza el 100 % de glucógeno. El entreno permitirá invertir la proporción, es decir: para un mismo esfuerzo, se utilizará un porcentaje más débil de su potencia máxima y así ahorrará el glucógeno utilizando más bien lípidos. De algún modo, si se comparan los lípidos con el combustible, puede decirse que el entreno añadirá un turbo a nuestro motor diésel para poder ahorrar el súper y evitar el agotamiento muscular.

Los nutrientes de mantenimiento

Existen dos categorías: los nutrientes de reconstrucción destinados a reconstituir las estructuras del organismo después de un esfuerzo —se trata de prótidos de animal o vegetal—; los nutrientes de tránsito que aseguren un drenaje «acalórico» y una limpieza del tubo digestivo, y del colon particularmente —se trata obviamente de las fibras, que pueden considerarse como un nutriente aportado—. Por último, tendrá que añadirse el oxígeno, indispensable para asimilar los nutrientes.

Los prótidos

No constituyen un combustible. No se utilizan grandes cantidades de prótidos en general; así pues, para el esfuerzo, no se recomienda un bistec sino glúcidos lentos. Los prótidos son necesarios para la constitución del tejido muscular; los glúcidos son necesarios para el funcionamiento de ese tejido muscular.

En el *adulto*, la necesidad corriente es de 1 g por kilo. En el *niño*, en periodo de crecimiento, que forma su cuerpo, son precisos 2 g por kilo. En el *atleta*, que necesita recuperarse del esfuerzo: 1 g aproximadamente por kilo. Para el que tenga necesidad de constituir *una masa muscular importante* serán necesarios 2,5 g por kilo aproximadamente.

Las cantidades de prótidos superiores a estas son degradadas y conllevan un aumento del ácido úrico, con posibilidad de depósito a nivel de las articulaciones y de los tendones. Los prótidos de un modo general y algunos aminoácidos en particular, tienen un papel a la vez de protección respecto a algunos músculos y de reconstitución de sus materias. Además, algunos aminoácidos azufrados tienen un papel de desintoxicación del organismo participando, por ejemplo, en la formación de sales biliares que ayudan a eliminar el ácido úrico. Esos aminoácidos, en particular contenidos en las pastas, tienen así un papel no sólo energético sino también de desintoxicación.

Clasificación de prótidos, del más «frío» al más «caliente»

Los prótidos se clasifican según su procedencia, en función de la mayor o menor proximidad a nuestra propia sustancia proteica muscular. De este modo, se distinguen, comenzando por los más lejanos y acabando por los más cercanos, los siguientes:

— los prótidos de origen marino (pescado, crustáceos, marisco);
— los productos derivados (huevos, lácteos);
— las carnes blancas (conejo, aves);

— las carnes rojas cocidas mucho tiempo, sin su sangre, o crudas a la brasa.

Cuantos más prótidos próximos a nuestra constitución absorbamos, más productos de degradación y toxinas acumularemos. Es preciso que la dieta de recuperación sea muy adecuada.

EL AGUA

El agua tiene un papel muy importante en la constitución y el funcionamiento de nuestro organismo, en el esfuerzo deportivo especialmente. Nuestro cuerpo, y el músculo en particular, está compuesto por un 75 % de agua, con lo que deberá evitarse perder agua so pena de deshidratación y de problemas varios durante la prueba deportiva. Además, es preciso saber que los prótidos y glúcidos necesitan una cierta cantidad de agua para ser asimilados.

El agua que queremos beber podrá ser un agua de rehidratación o un agua de limpieza de los tejidos, o bien un agua vector de nutrientes (sal, glucosa, etc.).

LAS FIBRAS

Son los nutrientes por asimilación, ya que no tienen ningún valor calórico o nutritivo propiamente dicho. Aseguran, como hemos visto antes, una limpieza y cepillado del aparato digestivo, lo que es imprescindible para la absorción de alimentos. Son un componente importante de la alimentación del deportista, en la práctica de la bicicleta especialmente. Se encuentran sobre todo en las verduras, las frutas y los cereales integrales.

EN RESUMEN

- *El glucógeno muscular se utiliza en el lugar donde se encuentra; el glucógeno hepático es utilizado por el cerebro. Las reservas de lípidos son muy importantes, pues las utilizan los músculos y no el cerebro.*
- *Los lípidos se utilizan a bajos niveles de energía y el glucógeno a altos niveles.*
- *Los prótidos sirven para construir o reconstruir la sustancia muscular.*
- *El agua es un buen recuperador.*

La dieta de entrenamiento

El objetivo de una dieta de entrenamiento es asegurar la energía muscular a un entreno consecuente, así como las reservas para el momento de la competición.

Esta dieta es parecida a la de la alimentación sana. Es casi idéntica para todos los deportistas, con acondicionamientos según las categorías del deporte. Debe ser variada, equilibrada y tener en cuenta los hábitos alimentarios de cada uno.

Hemos visto que la alimentación sana cubría las necesidades energéticas necesarias para la vida cotidiana y para tres o cuatro sesiones semanales de resistencia suave de 30 a 40 minutos de media cada una.

La dieta de entrenamiento deberá cubrir sus necesidades energéticas más importantes, ya sea con un aumento de la duración o de la intensidad de las sesiones de acondicionamiento físico, ya sea por el cambio de naturaleza de una o de varias actividades de esas sesiones que de acondicionamiento físico se convierten en sesiones deportivas (fútbol, tenis, etc.), ya sea, por último, por un aumento del número de sesiones deportivas (cuatro, cinco o seis semanales).

Todos estos tipos de modificaciones pueden asociarse más o menos cuando empieza la temporada.

Será preciso, del mismo modo, tener en cuenta las modificaciones energéticas relacionadas con las condiciones exteriores (climáticas) de este esfuerzo físico.

El paso de la alimentación sana a la dieta de entrenamiento deberá llevarse siguiendo una adaptación progresiva, como para todo cambio nutritivo del organismo, se trate de una disminución de la dieta para adelgazar o un aumento para cubrir las necesidades energéticas. Eso evitará así un estrés nutritivo al organismo. La modificación del esfuerzo físico deberá siempre preceder la modificación del aporte nutritivo, que será la consecuencia fisiológica.

Un excelente criterio de adaptación a este tema es la estabilidad ponderada, tras quizás algunas fluctuaciones en el transcurso del acondicionamiento. Sin olvidar que, cuando la forma física mejora, el rendimiento aumenta, y con el mismo esfuerzo, los gastos disminuyen.

DE LA ALIMENTACIÓN SANA A LA DIETA DE ENTRENAMIENTO: ¿POR QUÉ? ¿CÓMO?		
¿Por qué?	Aumento del número, de la duración, de la intensidad y de la naturaleza de las sesiones físicas (del acondicionamiento físico al deporte)	
¿Cómo?	Alimentación sana	Ración de entrenamiento
Volumen calórico	2.000-2.500 cal	3.000-3.500 cal
Composición	Glúcidos lentos: 55 % Prótidos: 1 g por kilo y por día Agua: 1,5-2 l	Glúcidos lentos: 60-65 % Prótidos: 1,5-2 g por kilo y por día Agua: 2-2,5 l
Distribución durante el día	Cuatro comidas 60 % -40 %	Cuatro comidas 55 %-45 % (glúcidos lentos en la cena)

Sea como sea, estudiaremos las modificaciones de la cantidad de alimentos, la composición de la alimentación diaria y el reparto de los alimentos durante el día.

La dieta de entrenamiento estándar

Cantidad

Si, como sabemos, la dieta calórica de alimentación sana es de 2.000 a 2.500 cal, la del deportista de alto nivel sería de 4.000 a 4.500 cal y la del entrenamiento del deportista medio, de 3.000 a 3.500 cal.

Eso, obviamente, en función del trabajo o del esfuerzo físico exigido, ya sea por el aumento de la intensidad o naturaleza del esfuerzo, ya sea por el aumento de la duración. Por ejemplo, una persona puede pasar de una hora de *footing* a una hora de carrera de medio fondo y luego a un maratón.

Será preciso también tener en cuenta el entorno exterior y los gastos ocasionados por la regulación térmica:

— sudación en caso de calor, combinando el calor del exterior y el aumento de la temperatura interna debida al esfuerzo (carrera ciclista en verano);
— pequeños escalofríos provocados por el enfriamiento causado por una combustión excesiva de grasas (esquí de fondo y patinaje sobre hielo).

COMPOSICIÓN DE LA ALIMENTACIÓN

A propósito del paso de la alimentación sana a la dieta de entrenamiento, ¿es preciso dar preponderancia a una categoría nutritiva? Y, en caso afirmativo, ¿a cuál?

Esta pregunta ha sido durante largo tiempo objeto de controversia: hasta principios de los años sesenta, se tenía tendencia a aumentar la ración de proteínas, y se mantenía el razonamiento siguiente: el deporte utiliza los músculos, con lo que es preciso comer carne. Además, los ingleses, que eran deportistas de alto nivel, tenían fama de comer muchos bistecs. Eso, por otra parte, no es nuevo, ya que en la Grecia antigua existía un tipo de especialización: los luchadores o lanzadores comían carne de toro, y los corredores o saltadores carne de cabra.

A principios de los años sesenta, la aparición de la biopsia muscular y las informaciones obtenidas sobre el metabolismo del glucógeno muscular, dieron a entender que el glucógeno era el verdadero combustible del esfuerzo. A partir de ese momento, se prefirieron los glúcidos lentos en lugar de los prótidos.

Para mantener una actitud más pragmática, es preciso, en el marco de la dieta de entrenamiento, aumentar evidentemente los nutrientes combustible y, por lo tanto, en primer lugar los glúcidos lentos. Pasarán de un porcentaje del 55 % al 60 %, incluso al 65 %.

En cuanto a los lípidos, hemos visto que se utilizaban para los esfuerzos de bajo nivel y de media y larga duración. Recordemos pues que son, en su gran mayoría, la forma de almacenamiento de los glúcidos lentos sobrantes, una vez restablecido el nivel de glucógeno. No es preciso, pues, aumentarlo especialmente; lejos de ello, su aporte exterior debe contemplarse sobre todo en el ámbito cualitativo: aporte de ácidos grasos esenciales y de vitaminas liposolubles. Se dará, además, preferencia a los lípidos vegetales y marinos, que favorecen la salud y tienen un valor nutritivo superior.

NÚMERO DE CALORÍAS POR ACTIVIDAD FÍSICA	
Actividad física efectuada	Gasto calórico en cal/hora
Remo	400
Baloncesto	500 a 600
Boxeo	600
Conducir un coche	60 a 75
Carrera: velocidad fondo medio fondo	500 750 900
Acondicionamiento físico	250
Ciclismo: carretera velocidad	350 700
Equitación	140 a 200
Esgrima	600
Fútbol	400 a 500
Golf	160
Halterofilia	450
Balonmano	400 a 500
Footing	200 a 300
Lanzamiento	400
Lucha	800
Maratón	700
Marcha	250
Subir una escalera	130 a 190
Natación (velocidad)	650
Patinaje artístico	600
Rugby	400 a 500
Saltos	400
Esquí: fondo velocidad	750 900
Tenis (un partido)	700
Waterpolo	600

En cuanto a los prótidos, se aumentarán sólo para esfuerzos intensos y repetitivos de corta duración, que utilizan el músculo, o bien en los casos en los que se quiere construir una importante masa muscular.

Se pasará entonces de 1 a 1,5 g por kilo y día a 2 a 2,5 g por kilo y día.

Podrá, pues, adoptarse como distribución diaria media en nutrientes por la dieta de entrenamiento: 60 % de glúcidos, 25 % de lípidos, 15 % de prótidos.

La ración hídrica es muy importante y, evidentemente, se aumentará por una parte en razón de la intensificación del esfuerzo físico, lo que evitará al mismo tiempo la patología tendinosa, pero también deberá incrementarse debido al aumento de glúcidos y prótidos que son solubles en agua: una molécula de glucosa necesita tres moléculas de agua para engancharse al glucógeno, 1 g de proteínas necesita 30 ml de agua para ser asimilado. Esta ración acuosa pasará pues de 2 a 2,5 l, e incluso a 3 l diarios.

¿Es preciso aumentar las vitaminas en la dieta de entrenamiento? Algunos son partidarios de ello; un aumento del volumen calórico necesita según ellos un aporte vitamínico complementario. Otros, en cambio, afirman que hay bastantes vitaminas en una alimentación natural.

De hecho, si se aumenta la cantidad de comida diaria con alimentos naturales, no es preciso añadir vitaminas. En los casos en los que se busca incrementar la masa muscular más importante o en los que se emplean, por ejemplo, sustitutos proteínicos y complementos alimentarios, es preciso añadir vitaminas como posible complemento ya que no se encuentran obligatoriamente en estos tipos de productos.

En cuanto a aumentar la cantidad de alcohol ingerido, la pregunta ni siquiera se plantea. Se ha visto que el valor nutritivo del alcohol es nulo y presenta inconvenientes en el campo de la salud y del esfuerzo deportivo.

En total, se puede decir que la dieta de entrenamiento necesita un aumento armonioso de todos los nutrientes con adaptaciones en función del tipo de esfuerzo requerido.

Ejemplos: esfuerzos intensos de corta duración, aumento de los prótidos, un poco de glúcidos lentos; esfuerzos de resistencia, aumento de los glúcidos lentos, disminución de los lípidos.

Ejemplo de menús para una semana

- **Cantidad:** 3.200 cal por día.
- **Composición:** 60 % de glúcidos, 25 % de lípidos y 15 % de prótidos.
- **Distribución:** 55 %-45 % aproximadamente entre la primera parte del día y la segunda.

Lunes

Desayuno:
— 30 g de copos de trigo;
— leche semidesnatada (200 g);
— un panecillo con mantequilla;
— una o dos piezas de fruta.

Almuerzo:
— un tazón de champiñones a la griega (200 g de champiñones, zumo de limón y una cucharada sopera de aceite);
— escalopa de ternera a la plancha (125 g);
— una latita de guisantes;
— una cucharada sopera de crema fresca;
— compota de manzana (azucarada);
— cuatro galletas.

Cena:
— sopa de legumbres con una cucharada sopera de fideos;
— un lenguado al horno o a la plancha;
— dos patatas grandes al vapor con una cucharada de crema fresca;
— 200 g de fruta fresca (una manzana y un plátano).

Resopón:
— una cucharada sopera de almendras frescas o secas pero no saladas;
— un plátano y otra pieza de fruta;
— un vaso de leche semidesnatada.

Martes

Desayuno:
— un tazón de leche semidesnatada;
— una cucharada de café de cacao amargo;
— tres rebanadas de pan untadas con compota azucarada y mantequilla;
— un plátano.

Almuerzo:
— medio pomelo;
— un cuarto de pollo al horno;
— 250 g de judías verdes y una cucharadita de mantequilla;
— tres rebanadas de pan integral;
— tres crepes untadas ligeramente con miel.

Cena:
— sopa de puerros y patata y una rebanada de pan tostado;
— un paquete de raviolis (210 g);
— dos rebanadas de pan;
— un vaso de leche semidesnatada;
— dos rebanadas de brioche;
— un yogur natural con fruta fresca.

Resopón:
— 200 g de castañas;
— un yogur natural con frutas frescas;
— tarta de manzana.

Miércoles

Desayuno:
— muesli (60 g de copos de avena con dos yogures naturales);
— añadir dos frutas a trocitos, dos cucharadas de nueces y dos de pasas.

(Continúa)

87

Ejemplo de menús para una semana

Almuerzo:
— una trucha asada en una hoja de aluminio, sal y pimienta;
— arroz integral (dos buenos puñados);
— una lata pequeña de salsa de tomate;
— tres rebanadas de pan integral;
— crema catalana.

Cena:
— una lata de fabada;
— ensalada: tomates, pepino, rábanos y salsa de queso blanco (una cucharada de queso blanco y otra de mostaza);
— queso brie y una rebanada de pan integral;
— un vaso de leche semidesnatada con una cucharada sopera de chocolate;
— un sorbete.

Resopón:
— tres rebanadas de pan con mantequilla;
— un gran vaso de leche semidesnatada y una cucharada sopera de chocolate;
— dos frutas frescas.

Jueves

Desayuno:
— leche semidesnatada;
— 30 g de copos de trigo;
— dos frutas frescas.

Almuerzo:
En un establecimiento de comida rápida:
— un cuarto de pollo;
— patatas fritas;
— un batido;
— tarta de manzana.

O si se prefiere:
— un vaso de leche semidesnatada;
— pollo al horno;
— patatas fritas (100 g);
— empanada de manzana.

Cena:
— sopa;
— croquetas de lucio: una lata en un plato, salpimentar con pan rallado y gratinar con dos cucharadas de crema fresca;
— tres rebanadas de pan;
— un trozo de Camembert.

Resopón:
— arroz con leche semidesnatada;
— 100 g de frutos secos.

Viernes

Desayuno:
— un vaso de leche semidesnatada;
— una ración de flan;
— dos piezas de fruta;
— un puñado de nueces (50 g).

Almuerzo:
— melón;
— conejo con zanahorias;
— kéfir;
— dos rebanadas de pan.

El melón puede ser sustituido por un pomelo u otra fruta. El muslo de conejo (que puede encontrarse en cualquier carnicería) se cocerá sin grasa en una sartén antiadherente con una cucharada de mostaza (5 minutos de cada lado). Puede acompañarse con zanahorias cortadas y una cucharada de crema fresca.

El kéfir es una especie de yogur, batido con zumo de limón, que se

(Continúa)

Ejemplo de menús para una semana

puede consumir con unas cuantas galletas.

Cena:
— cuscús con pollo;
— una naranja;
— dos rebanadas de pan.

Resopón:
— natillas;
— dos galletas;
— 100 g de frutos secos (pasas, albaricoques, higos).

Sábado

Desayuno:
— crema;
— 50 g de trigo hinchado;
— fruta.

Almuerzo:
— un panecillo con atún, olivas, tomates, pimientos, un poco de salsa (una cucharada de aceite, media de vinagre, sal, pimienta);
— 200 g de ciruelas o de albaricoques;
— zumo de fruta (naranja exprimida).

Cena:
— dos salchichas de Frankfurt con lentejas, a las que se añade una cucharada sopera de aceite;
— ensalada: rábanos, champiñones, apio, salsa de queso blanco (una cucharada de queso blanco y otra de mostaza);
— yogur natural con fruta fresca;
— dos rebanadas de pan.

Resopón:
— pan y chocolate (cuatro onzas);
— leche semidesnatada.

Domingo

Desayuno:
— medio bollo;
— un tazón de compota de frutas;
— un yogur natural.

Almuerzo:
— zanahoria rallada;
— hígado de ternera con pasta;
— pastel de sémola;
— dos rebanadas de pan integral.

Poner el agua a hervir para la pasta. Rallar dos zanahorias y sazonar con pimienta, sal, media cucharada de café de vinagre y una de aceite. También pueden comerse enteras, mojadas en un poco de mayonesa. Cocer una loncha de 125 g de hígado de ternera enharinado en una sartén antiadherente durante seis minutos (tres para cada lado).

Cocer la pasta durante diez minutos, escurrir y luego mezclarla en la sartén con el hígado y una cucharada de nata fresca.

Cena:
— bikini;
— ensalada verde con vinagreta;
— helado o sorbete.

Bikini: tostar ligeramente dos rebanadas de pan, cortadas a lo largo. Colocar una loncha de carne y luego otra de queso gruyère; cubrir con una mezcla hecha con dos cucharadas de queso blanco, otra de queso parmesano o gruyère rallado, sal y pimienta. Dorar al horno 10 minutos.

Resopón:
— Una banana y dos higos secos.

DISTRIBUCIÓN DE LOS ALIMENTOS

Se realizará según se entrene al principio del día, a media mañana o al final de la tarde.

Si se llevan a cabo dos entrenamientos por día o un entrenamiento al mediodía (final de la mañana o principio de la tarde) el volumen calórico se distribuirá de la siguiente manera: el 60 % para la primera mitad del día y el 40 % para la segunda.

En el caso de que se lleve a cabo un entrenamiento intenso al principio del día, habrá que aumentar la ración del desayuno. Si se considera conveniente, puede prescindirse del refrigerio de media mañana. Si el entrenamiento se efectúa al final del día, el volumen calórico se distribuirá a partes iguales, haciendo por ejemplo una cena más copiosa o preparando un sencillo resopón.

Para la dieta de entrenamiento, casi siempre es necesaria una parte de los glúcidos lentos por la noche, con el fin de recargar el glucógeno intrahepático durante la noche, sobre todo si se prevé un entrenamiento para la mañana siguiente. Es preciso saber que esta distribución de la alimentación, respecto a los glúcidos lentos, tendrá un papel en el entrenamiento de la mañana.

En total:

— el aumento de la intensidad o duración de las sesiones conlleva un aumento de las calorías y de los nutrientes;
— el aumento de la frecuencia de las sesiones conduce a una distribución diferente a la alimentación.

Ambos pueden combinarse ocasionalmente (de hecho, es lo más conveniente).

Para aumentar las reservas glucógenas: el régimen disociado escandinavo

La creación y el mantenimiento de un nivel de glucógeno intramuscular se deben a un entrenamiento regular y a una dieta al 60 % de glúcidos lentos que se le asocia. En algunos casos, antes de una competición de larga duración, se necesita un suplemento de reserva glucogénica que se obtendrá gracias al régimen disociado escandinavo. El principio es el siguiente: del mismo modo que dos ingestas alimentarias demasiado alejadas provocan hambre, con lo que se produce una reserva de calorías, ese «régimen» creará hambre de glucógeno; es decir las condiciones favorables para una reserva activa de glucógeno. Todo ello conducirá a una hipercompensación del organismo y a un aumento de las reservas de glucógeno intramuscular.

EL RÉGIMEN DISOCIADO							
DOM	LUN	MAR	MIÉR	JUE	VIER	SÁB	DOM*
Ningún glúcido				Glúcidos			
Entrenamiento largo e intensivo				Reposo o entrenamiento ligero			

* Maratón.

Está muy indicado para esfuerzos físicos y de larga duración (más de 90 minutos), como por ejemplo, paseo con esquís de fondo, maratón, 5 km de natación, etc.

No está indicado para los deportes colectivos o de corta duración. Se trata pues de un régimen de preparación para las pruebas especiales, como el maratón, basado en el principio de hipercompensación glucogénica. En condiciones normales, la glucosa se acumula en el músculo en forma de glucógeno, cuyo nivel está limitado y es siempre idéntico a sí mismo. Este régimen se considera disociado porque se descompone en dos fases.

Primera fase

Para un maratón, por ejemplo, o cualquier prueba de larga duración prevista un domingo, el primer periodo empezará el domingo por la noche precedente.

Se trata de un periodo protidolipídico, que excluye cualquier aporte glucídico, que durará hasta el miércoles por la noche incluido. El entrenamiento normal se mantendrá, ya que su intensidad basta para agotar las reservas de glucógeno, y dejar las células musculares «en estado carencial».

SEGUNDA FASE

Un periodo hiperglucídico, acompañado de descanso o de un entrenamiento muy ligero, se prolongará desde el jueves por la mañana hasta la competición.

El deportista recargará entonces las células musculares de glucógeno, hasta una cantidad muy superior al nivel habitual, que puede llegar incluso a doblarse.

La ración hídrica encuentra aquí toda su importancia. El glucógeno necesita, recordemos, tres moléculas de agua para fijar una molécula de glúcido.

Este régimen presenta ciertos inconvenientes y debería utilizarse en casos excepcionales (una o dos veces al año). Está reservado a atletas de alto nivel, capaces de correr un maratón en 2 horas y 50 minutos o menos.

Además de los problemas digestivos que puede provocar, induce a un cansancio general poco favorable a las marcas del deportista medio el día de la competición.

Por ello a menudo es preferible, para la mayoría de deportistas, aligerar este tipo de régimen, conservando el principio general de la disociación.

EL RÉGIMEN SUAVIZADO							
DOM	LUN	MAR	MIÉR	JUE	VIER	SÁB	DOM
	Pocos glúcidos			muchos glúcidos (>70 %)			
	Entrenamiento largo e intensivo			Reposo o entrenamiento ligero			

Así, una fase de régimen hipoglucídico acompañada de un entrenamiento medio (preferiblemente a algunos días de la prueba) estará seguida por una fase hiperglucídica, asociada a un entrenamiento ligero, incluso a un periodo de descanso, todo en una duración de cuatro días.

También pueden programarse tres o cuatro comidas hiperglucídicas al 65 % en los días que preceden a la competición.

Un ejemplo de régimen disociado para cuatro días

1.er PERIODO

1.er día	Mañana	Mediodía
	Media rebanada de pan Mantequilla a voluntad Yogur, queso Café o té sin azúcar	Tomates con sal Cinco costillas (cerdo, etc.) Judías verdes Ensalada, queso Media rebanada de pan Café o té sin azúcar
	Noche	Merienda
	Caldo de verduras Pescado frito Espárragos, coliflor Ensalada, queso Crema helada (pequeña) Café o té sin azúcar	Yogur Quesos Olivas Embutidos Cacahuetes Caldo de verduras
2.º día	Mañana	Mediodía
	Media rebanada de pan Mantequilla a voluntad Tortilla (tres huevos) Café o té sin azucarar	Sopa o crema Bistec a la plancha, champiñones Coliflor, brócoli Ensalada mayonesa Flan, café o té sin azúcar
	Noche	Merienda
	Ensalada vinagreta Medio pollo Tomates asados, espinacas Queso a la crema Fruta pequeña Café o té sin azucarar	Yogur Quesos Olivas Embutidos Cacahuetes Caldo de verduras

2.º PERIODO

3.er día	Mañana	Mediodía
	Cruasanes, bollos Zumo de frutas Confituras, miel Frutas Café o té sin azúcar Sin mantequilla	Ensalada Bistec pequeño Patatas, zanahorias Pan a voluntad, sin mantequilla Tarta de manzana Café o té sin azúcar

2.º PERIODO			
3.er día	Noche		Merienda
	Sopa de guisantes Macarrones con salsa de tomate Ensalada con zumo de limón Frutas en almíbar Pan a voluntad, sin mantequilla Café o té sin azúcar		Frutos secos Galletas Zumo de frutas Compota de manzana Café o té sin azúcar
4.º día	Mañana		Mediodía
	Crepes en almíbar Medio pomelo azucarado Café o té sin azúcar Frutas Pan sin mantequilla		Sopa de verduras Un muslo de pollo Mucho arroz con tomate Pan sin mantequilla Ensalada con limón Tarta o pastel Café o té sin azúcar
	Noche		Merienda
	Sopa de fideos Tortilla (dos huevos) Puré de patatas Macedonia de verduras Pan sin mantequilla Tarta o pastel Frutos secos Café o té sin azúcar		Frutos secos Galletas Zumo de frutas Compota de manzana Café o té sin azúcar

**Para aumentar la masa muscular:
el régimen hiperprotídico cíclico**

La creación de una masa muscular adaptada se consigue con un entrenamiento regular y el aporte protídico de la dieta de entrenamiento (2 g por kilo, en 24 horas).

En ciertos casos, se puede desear un incremento más importante de la masa muscular, ya sea para aumentar su potencia o su extensión, o bien para obtener un cierto volumen muscular de cara a mejorar la apariencia física, como sucede con el *body building*.

Alimentación de un día protídico

Mañana
— Café o té sin azúcar;
— 200 g de queso blanco o dos yogures naturales, sin desnatar;
— un huevo.

10.00 h-10.30 h
— 15 a 30 g de proteínas en polvo al 90 % (según el peso de la persona).

Mediodía
— 150 a 200 g de pescado o carne;
— ensalada, tomates, pepino, etcétera;
— 200 g de queso o dos yogures sin desnatar.

16.00 h
— 15 a 30 g de proteínas al 90 % o cuatro claras de huevo.

Noche
— Verduras;
— 200 g de pescado o carne;
— un yogur natural.

Para las vinagretas, deben utilizarse siempre aceites vegetales de primera presión en frío, oliva, maíz, girasol, etc.

Esta demanda implicará un entrenamiento centrado en una musculación intensiva, pero también algunas disposiciones dietéticas.

Del mismo modo que el régimen disociado escandinavo se desarrolla en dos fases, el régimen hiperprotídico se extenderá en dos periodos: un primer periodo de aumento de peso «indiferenciado» y un segundo de afinamiento de la masa corporal. La importancia respectiva de esos periodos se establecerá en función del objetivo deseado.

El aumento de peso se logra incrementando progresivamente el volumen calórico, sin aumentar en gran manera las sesiones de entrenamiento; deberá vigilarse de cerca el resultado mediante la báscula. La composición de la alimentación será la misma que la de una dieta de entrenamiento estándar. La distribución durante el día será del 55 % y el 45 %, por lo menos con una parte de glúcidos lentos por la noche. Este aumento de peso se efectuará bien en masa muscular y en grasa; conllevará un cierto volumen corporal y este primer tiempo será suficiente para, por ejemplo, un jugador de rugby, un practicante de halterofilia, un luchador o un lanzador de peso.

El segundo tiempo, que es el del afinamiento de la masa corporal o del secado muscular, se practicará mediante una alimentación donde disminuirán los glúcidos lentos, pero no por debajo de

Plan de alimentación tipo para ganar peso

Mañana
— Cereales (copos de avena, copos de trigo) con leche semidesnatada o con dos yogures con frutas;
— tres huevos o dos lonchas de jamón o 150 g de carne fría;
— una pieza de fruta.

Suplemento de la mañana
— Vitaminas y sales minerales.

9.30-10.00 h
— 50 g de proteínas al 80 %;
— un plátano y diez dátiles.

Mediodía
— Arroz, pasta o patatas;
— carne: caballo, buey, aves o pescado;
— ensalada con aceite y limón o vinagre;
— dos o tres yogures con frutas o 250 g de queso blanco.

16.00 h-17.00 h
— 50 g de proteínas al 80 %;
— un plátano.

Noche
— Verduras;
— carne o pescado;
— pasta o arroz;
— yogures de fruta
— crema o flan.

Es preciso beber mucho durante el día. Las cantidades dependerán de cada uno

los 100 g al día, y donde los prótidos se aumentarán, pero no demasiado para evitar problemas renales, reumatismos, alergias u otros. Además, nuestro organismo no puede metabolizar más de 40 g de prótidos a la vez. La ración diaria de prótidos será de 2,5 a 3 g por kilos al día, donde los 3 g marcarán el máximo.

¿Debe darse más importancia a un tipo u otro de proteínas? ¿Proteínas animales o vegetales? Se puede observar que las proteínas animales son las que mejor se asimilan; es preciso, pues, darles preferencia.

Esta fase deberá implicar una alimentación preferentemente sin grasa y, so pena de un exceso proteínico, será preciso establecer un régimen cíclico; por ejemplo, un día hiperprotídico alternado con un día hiperglucídico; o bien dos días proteicos y uno glucídico. Es obvio que las grasas deben estar estrictamente controladas.

Esta segunda fase es útil, como hemos visto, para el *body building*, pero también para los especialistas deportivos que necesitan a la vez potencia muscular y una cierta rapidez de desplazamiento.

Los aportes entre el entrenamiento y la toma de proteínas nos lleva aquí también a definir un método simplificado para aumentar la masa muscular.

Se trata de adaptar en el tiempo la oferta proteínica a la demanda muscular.

En lo que respecta a la oferta, las proteínas se digieren completamente al cabo de tres horas. En cuanto a la demanda, la demanda muscular aparece aproximadamente al cabo de una hora de ejercicio, teniendo en cuenta que un entrenamiento dura aproximadamente 90 minutos.

Es, pues, conveniente realizar una toma proteínica aproximadamente una hora o una hora y media antes del entrenamiento, lo que, por un parte, facilita la activación neuromuscular, y por otra, hará coincidir en el tiempo la oferta y la demanda.

Se puede, por lo tanto, decidir, en los días anteriores o las semanas que preceden a la competición, ingerir una dosis de proteínas que vaya de los 20 a los 40 g una hora y media antes de cada entrenamiento; es indiferente si se trata de un concentrado proteínico o de un trozo de pollo.

Cómo tomar un suplemento graso y por qué

Hemos visto que el organismo consume lípidos en los esfuerzos de baja intensidad y de larga duración. Esas reservas lipídicas se construyen habitualmente a expensas del suplemento glucídico no transformado en glucógeno muscular.

El aporte importante de cuerpos grasos es pues inútil para garantizar esas reservas.

Algunas circunstancias climáticas de competición necesitan no obstante de un aporte suplementario de cuerpos grasos justo antes o durante la competición; nos referimos esencialmente a las competiciones que se desarrollan en climas fríos o muy húmedos: algunas carreras a pie, el esquí de fondo, por ejemplo; o bien pruebas que tienen lugar en la oscuridad: carreras de orientación nocturnas y, entre otros, la espeleología.

En ese caso, será preciso, en los días precedentes a la competición, aumentar los cuerpos grasos (aceite vegetal para aliñar, un poco de mantequilla fresca en las verduras), y durante la competición habrá que tomar pasta de almendras y oleaginosas.

> **EN RESUMEN**
>
> - *La dieta de entrenamiento es más importante en calorías, más rica en glúcidos lentos, y puede tener una distribución variable durante el día.*
> - *Si se quiere aumentar el glucógeno muscular, es preciso seguir el régimen disociado escandinavo o el régimen simplificado.*
> - *Si se quiere aumentar la masa muscular, se optará por el régimen hiperprotídico cíclico o simplificado.*

La dieta pericompetitiva (en torno a la secuencia deportiva)

La dieta pericompetitiva se divide en tres partes:

— dieta precompetitiva: es la constitución de una reserva nutritiva;
— dieta percompetitiva: es el rendimiento físico óptimo sin desfallecimiento;
— dieta poscompetitiva: es la eliminación de los desechos y la recuperación de las reservas nutritivas.

Dieta precompetitiva

Su papel es completar las reservas de combustible establecidas por la dieta de entrenamiento y asegurar una parte del aporte nutricional para evitar desfallecimientos durante la prueba deportiva.

Comporta tres etapas: la penúltima comida previa de la competición al menos ocho horas antes, la comida precompetitiva tres horas antes de la competición, y la dieta de espera justo antes y durante el calentamiento.

La penúltima comida: ocho horas antes

Su finalidad es completar y acentuar la recarga en glucógeno muscular establecida por la dieta de entrenamiento, evitando así la debilidad y los desfallecimientos cuando se está compitiendo.

LAS RACIONES PRECOMPETITIVAS: INGESTIÓN, PAPEL, COMPOSICIÓN

ANTES

	Penúltima comida	Comida precompetitiva	Ración de espera
Ingestión	Ocho horas antes	Tres horas antes	Durante el calentamiento
Papel	Recarga en glucógeno muscular	Recargo en glucógeno hepático	Hidratación, preservación del glucógeno
Composición	Hiperglucídica	Ligera polivalente	Agua con melaza

DURANTE / DESPUÉS

	Ración percompetitiva	Ración de recuperación	1.ª comida poscompetitiva
Ingestión	Mientras dure la competición	Justo después de la competición	Algunas horas más tarde (cena)
Papel	Hidratación, aporte energético	Rehidratación, desintoxicación energética	Recarga energética y cura hídrica
Composición	Líquida: agua sal y glucosa Sólida: si más de tres horas Tomar al cabo de 45 minutos	Agua, bicarbonato, leche glucosada	Rica en glúcidos lentos Pobre en lípidos y prótidos 2,5-3 l de agua al día

¿Por qué ocho horas antes? Para que los glúcidos lentos tengan tiempo de ser absorbidos y almacenados en el músculo, en forma de glucógeno. En los humanos, igual que en los animales, «es la comida de la noche la que da la energía de la mañana».

Esta penúltima comida puede tener distintos nombres según el lugar donde se practique: en Francia y en el Quebec (Canadá), será la *espagueti-partie*, en Estados Unidos, la *pasta-party*, y en los países nórdicos, la *crêpe-partie*. Todas esas comidas tendrán en común la absorción de glúcidos lentos.

Tipo de comida

Puede tratarse de una comida principal, almuerzo o cena, o bien de un desayuno o de una merienda, poco diferente del menú hiperglucídico de la segunda parte de un régimen escandinavo, eso en función del horario de la competición.

La penúltima comida, ocho horas antes

Se puede definir típicamente del siguiente modo:

Desayuno y merienda
Té, café con leche descremada, zumo de frutas, café, pastel, copos de trigo, confitura, miel, frutas en almíbar, frutas maduras, tarta o pastel.

Almuerzo y cena
Entrantes: ensalada (tomates, col lombarda y patatas).

Verduras: judías verdes, guisantes, endibias, patatas, puré a la jardinera.

Plato fuerte: pasta alimentaria, espaguetis, sémola, arroz (con salsa de tomate), caballa o rosbif (100 g) o una loncha de jamón.

Queso: queso magro, yogur, queso blanco.

Postres: bollos (tarta de frutas), pasteles de arroz, de sémola (con frutos secos), macedonia, frutas en almíbar, una o varias piezas de fruta madura.

Bebidas: zumo de frutas, agua mineral, vino durante la comida, un café después de la comida.

Según el horario de la prueba, mañana, tarde o noche, esta comida de recarga de glucógeno podría ser una cena, un desayuno, un almuerzo o una merienda. Este punto vista, acorde con el deportista, se desarrollará posteriormente en esta obra.

La comida precompetitiva (tres horas antes)

Polivalente y ligera, es una comida de complemento respecto a la precedente. Tiene como objetivo recargar el organismo de glucógeno hepático (que se vacía más rápido salvo en el del esfuerzo), sobre todo si no existe posibilidad de una dieta percompetitiva: se evitarán así los malestares y los desfallecimientos cerebrales durante la competición.

¿Por qué esperar tres horas? La digestión deriva la sangre hacia el tubo digestivo. Si se realiza ejercicio físico demasiado pronto, la digestión se hace mal (náuseas, calambres de estómago), el esfuerzo físico se realiza mal (debilidad muscular)... En resumen, ¡nadie está contento! Es mejor dejar pasar el tiempo.

Tipo de comida

Debe aportar glúcidos lentos, proteínas (pescado, carne picada), sal, glúcidos rápidos; en cambio, no debe aportar grasas cocidas, verduras que provocan flatulencia o frutas ácidas (cítricos).

Menú tipo tres horas antes

Pan o cereales; confitura o miel; jamón; rosbif; pescado blanco; huevos; bebida débilmente azucarada: zumos de frutas no ácidas y diluida.	*Esta comida podrá tener la configuración de un desayuno, de un almuerzo, de una merienda o de una cena en función, una vez más, del horario de la competición.*

¡Atención! Esta comida es precompetitiva; a pesar de ser completa, no sustituye el recambio en glucógeno, que debe hacerse ocho horas antes.

Pueden encontrarse algunas dificultades para preparar una comida precompetitiva, en caso de desplazamiento, por ejemplo.

Si esa comida se toma en un restaurante, es mejor establecer un contacto previo para precisar su contenido. Si no, será preciso llevarse la comida fría o caliente.

LA DIETA DE ESPERA

La finalidad esencial de la dieta de espera es la recarga o al menos el mantenimiento de la glucosa circulante para ahorrar el glucógeno intrahepático y evitar la hipoglucemia cerebral. Este periodo de espera se divide en dos partes: la primera se sitúa entre la comida precompetitiva y el principio del calentamiento y la segunda durante el calentamiento antes de la competición, de 20 a 30 minutos antes.

Durante la primera parte, ¿es preciso o no tomar glúcidos rápidos (glucosa)?

No: la ingestión de glucosa en ese momento conllevará obligatoriamente una reacción insulínica que a su vez provocará una hipoglucemia, que se mantendrá hasta la salida de la competición, lo que es absolutamente desfavorable. Se debe por lo tanto tomar sólo una ración hídrica más o menos salada.

Sin embargo, debe tomarse en caso de estrés competitivo, ya que durante el ejercicio existen descargas de adrenalina que conllevan también una hipoglucemia, que estará presente por lo tanto en la mayoría de los casos. Es preciso tomar agua ligeramente azucarada a cada hora o media hora durante esta primera parte del periodo de espera. Esta práctica tiene como finalidad inmediata mantener la glucemia alrededor de 1 g y por lo tanto neutralizar la reacción insulínica.

Las opiniones están pues divididas. En realidad, se puede resolver el problema ingiriendo durante la comida precompetitiva glúcidos semilentos, por ejemplo patatas, y sobre todo plátanos, que podrían mantener esta glucemia estable durante el principio del periodo de espera. Se sugiere también la utilización de pequeñas cantidades de agua aumentada al 4 % de melaza, azúcar no refinado cuyo índice glucémico, y por lo tanto el choque insulínico de regreso, es mucho menos elevado que para la glucosa pura.

Durante la segunda parte, es decir, durante el periodo de calentamiento (20 a 30 minutos antes de la competición), este problema no se plantea, ya que la aparición del esfuerzo físico su-pone automáticamente una anulación de la secreción de insulina por el organismo, con el fin de mantener la glucosa que se puede ingerir presente en la sangre y dispuesta a ser utilizada inmediatamente.

Es por lo tanto necesario tomar pequeñas cantidades de bebida energética glucídica, cuya concentración es más o menos idéntica a las que pueden tomarse durante la competición; 400 ml en total durante la media hora que precede a la salida. Se proponen de 150 a 300 ml de agua con glucosa a 50 g por litro. Esta glucosa empezará a ser utilizada por el organismo 20 a 30 minutos después, es decir al principio mismo de la competición. Esta dieta de espera muestra su máximo interés si no es posible durante la prueba ninguna dieta percompetitiva sólida, y sobre todo líquida.

Configuraciones del tipo de dieta precompetitiva

En función de la hora de competición

- **Prueba por la mañana.** La comida de recarga glucémica siete horas antes estará representada por la cena de la víspera.
La comida precompetitiva tres horas antes, ligera, y polivalente, será el desayuno.

Prueba por la mañana (hacia las 11.00 h)

Recarga glucogénica ocho horas antes

Cena de la víspera:
— revuelto de soja: arroz (60 g crudo), una lata de maíz, 100 g de brote de soja, tomates y coles en trocitos, una lata de guisantes;
— compota de frutos secos: dejar cocer en muy poca agua 100 g de frutos secos mezclados (ciruelas, albaricoques, etc.);
— una docena de galletas.

O, si se prefiere:
— dos rollos de primavera con salsa agridulce (en las tiendas chinas o vietnamitas, o sustituir por crudités variadas);
— 100 g de espaguetis con salsa de tomate;
— plátano flambeado: un plátano salteado en la paella o en papillote en el horno con una cucharada de miel y otra de pasas. Se puede flambear con una cucharada sopera de ron.

O, si se prefiere:
— Cuscús (cocer 100 g de sémola completa en agua hirviendo, añadir algunas pasas; calentar garbanzos; preparar un pisto de tomates, cebollas, berenjenas, calabacines, ajo, pimientos);
— ensalada de frutas frescas: naranjas, manzanas, fresas, kiwi, etcétera;
— un vaso de leche entera;
— tres dátiles.

Comida precompetitiva tres horas antes

Desayuno hacia las 8.30 h:
— Una taza de té, de café o de infusión con azúcar;
— dos o tres rebanadas de pan tostado o biscotes con mantequilla, confitura o miel;
— una taza de leche azucarada con cereales o queso blanco azucarado o pastel de arroz o de sémola;
— uno o dos huevos (duros o pasados por agua) o una loncha de carne fría (buey) o de jamón;
— un vaso de zumo de frutas o una o dos piezas de fruta madura.

Luego, ocasionalmente, la dieta de espera.

• **Prueba por la tarde.** La comida de recarga glucogénica estará representada por un desayuno copioso glucídico: cereales, arroz, etc., más glúcidos rápidos.

La comida precompetitiva estará representada por un almuerzo más temprano, ligero, polivalente.

Prueba por la tarde, hacia las 15.00 h

Recarga glucogénica ocho horas antes	Comida precompetitiva tres horas antes
Desayuno: — puré de castañas; — queso blanco; — pan y miel; — zumo de frutas. *O, si se prefiere:* — tres rebanadas de pan de centeno; — una crema catalana; — dos piezas de fruta. *O, si se prefiere:* — pan integral y miel; — dos piezas de fruta fresca; — dos cucharadas soperas de frutos secos; — 50 g de copos de avena cocidos con leche entera. *O, si se prefiere:* — pan integral con mantequilla y miel; — una taza de chocolate con leche.	*Almuerzo hacia las 11.30 h:* — verduras aliñadas con aceite y limón o ensalada verde; — pescado (o carne) a la plancha, asado o hervido. No olvidar la sal; — verduras cocidas o féculas (pasta, arroz, patatas, etc.); — un yogur azucarado o una porción de queso; — una pieza de fruta madura o cocida; — si se cree conveniente, una taza de café azucarado (evítese en caso de nerviosismo); — biscotes o pan tostado. Luego, si se considera conveniente, la dieta de espera.

• **Prueba al final de la tarde.** La recarga glucogénica la asegurará un almuerzo rico en azúcares lentos. La comida precompetitiva se tomará en lugar de una merienda polivalente.

• **Prueba nocturna.** La recarga glucogénica será un almuerzo glucídico más tardío.

La comida precompetitiva será una merienda-cena polivalente.

Prueba al final de la tarde, hacia las 18.00 h

Recarga glucogénica ocho horas antes

Almuerzo:
— alcachofas con champiñones (seis corazones de alcachofa, champiñones, queso blanco, cebolleta picada);
— puré, chucrut;
— confitura.

O, si se prefiere:
— tabulé (200 g de sémola de trigo hinchado con agua hirviendo; añadir la cebolla, sal, pimienta, pepinos y tomates cortados en trocitos, perejil y menta picados y zumo de limón);
— un plátano.

O, si se prefiere:
— un zumo de frutas;
— pizza;
— *pudding*.

Comida precompetitiva tres horas antes

Merienda hacia las 17.30 h
— una taza de café o té;
— dos o tres biscotes con miel o confitura;
— biscotes secos;
— una loncha de carne fría o de jamón en dulce;
— una fruta madura o cocida, o frutos secos;
— un vaso de zumo de frutas.

Luego, si se considera conveniente, dieta de espera.

Prueba nocturna después de las 21.00 h

Recarga glucogénica ocho horas antes

Merienda:
— galletas y entremeses;
— dos frutas.

O, si se prefiere:
— tres rebanadas de pan integral con miel;
— dos frutas frescas.

O, si se prefiere:
— tres rebanadas de pan integral;
— una barra de chocolate.

Comida precompetitiva tres horas antes

Cena (hacia las 20.00 h):
Prácticamente idéntica a la comida que precede una competición que tiene lugar hacia las tres de la tarde. La dieta de carne puede disminuirse y la parte de glúcidos puede aumentarse (frutos secos, galletas y pasteles secos, etc.).

Luego, si se cree conveniente, dieta de espera.

En función del tipo de esfuerzo exigido

Deberá insistirse en la recarga en glucógeno en caso de esfuerzo prolongado en resistencia sostenida y tomar dos o tres comidas al 65 % de glúcidos lentos en los días que preceden a la competición. Por otra parte, también es importante insistir en la comida precompetitiva y aumentar los prótidos (pescado blanco, carne picada) en caso de esfuerzo intenso de corta duración más o menos repetitivo (por ejemplo, salto de altura).

En función del entorno climático

Además de una ropa apropiada, será preciso: aumentar el consumo de grasas (mantequillas frescas, pescado, oleaginosas, etc.) en caso de temperaturas frías; aumentar la dieta hídrica y salarla ligeramente justo antes y después de la competición en caso de temperaturas altas.

Dieta percompetitiva

Su finalidad es evitar los efectos de la deshidratación y compensar las pérdidas de agua y sal. En ciertos casos, es preciso introducir elementos nutritivos líquidos o sólidos para evitar los «excesos de bombeo» y los malestares por hipoglucemia.

LA DIETA DE LÍQUIDO

No hace tanto tiempo que se preconiza una rehidratación durante el esfuerzo deportivo; antes se pensaba que la competición no podía arrastrar signos de deshidratación. De hecho, incluso si no existe ningún signo evidente, el 2 % de la deshidratación provoca un 20 % de disminución de la eficacia física, y un 4 % de deshidratación supone un 50 % de disminución deportiva. Por lo tanto, es preciso rehidratarse, no tanto en el ámbito de la salud propiamente dicho, como en el ámbito de la eficiencia de la actividad deportiva.

El agua de la rehidratación

Tiene como objeto compensar las pérdidas de agua relacionadas con la evaporación del sudor, sobre todo a partir de los 30 °C de temperatura, y evitar el sobrecalentamiento muscular que provocaría una hipertermia. No debe esperarse a tener sed para prever y aplicar efectivamente un plan de rehidratación adaptado.

Existe un medio fácil para evaluar las necesidades en agua: pesarse antes de y después de la competición, sin haber bebido agua durante la competición. La diferencia da la cantidad de agua perdida.

La cantidad media es de 150 a 200 ml de agua a 10 o 15 °C (temperatura fresca) cada 20 o 30 minutos; no más de 1 l por hora. Todo ello es válido para un esfuerzo intenso.

La sal

Algunas personas consideran que es inútil, mientras que otras personas aconsejan ingerir pastillas de sal; sin embargo estas pueden ser, al parecer, origen de malestares.

Por último, existen personas que consideran que la sal que se ha perdido con el sudor corresponde a un tercio de la concentración del suero sanguíneo. Se precisa por lo tanto una cantidad moderada de sal, o sea 1 g por litro de agua bebida aproximadamente.

Se puede añadir un poco de bicarbonato para luchar contra la acidificación de un esfuerzo prolongado: 1,5 a 2 g por litro, o bien de agua de Vichy.

En algunas pruebas de larga duración, el potasio puede ser útil para evitar problemas del ritmo cardiaco.

El aporte nutritivo líquido

Se trata esencialmente de glucosa, llamada también *dextrosa*. Se consumen, durante una actividad deportiva sostenida, 3 g por minuto aproximadamente.

Los objetivos de estos aportes son ante todo ahorrar el glucógeno hepático y evitar así los «excesos de bombeo» o debilidades cerebrales, pero también ayudar a la alimentación en glucosa del músculo.

Concentración por litro: de 25 a 80 g (40 g de media).

La concentración varía en función de la temperatura:

— más de 25 °C (temperatura caliente): 25 g por litro (habrá que beber más agua);

- 20 °C (temperatura normal): 50 g por litro;
- menos de 10 °C (temperatura fría): 75 g por litro (se suda menos).

Composición media de las bebidas

Glucosa: 40 g por litro.
Sodio: 1 g por litro.
Bicarbonato: 2 g por litro.

¡Atención! Las precauciones de higiene dental que deben tomarse con este tipo de bebidas dulces son las siguientes:

- enjuagarse la boca con agua después de la competición;
- cepillarse bien los dientes, sobre todo en caso de sequedad bucal de origen ORL o medicamentosa, o bien relacionada con el estrés precompetitivo;
- no tomar bebidas azucaradas entre las competiciones (se corre el riesgo, además, de ganar peso).

LA RACIÓN SÓLIDA

Tiene su máximo interés en los tres casos siguientes:

- imprevisión de la comida precompetitiva tres horas antes (demasiado ligera);
- esfuerzo previsible superior a tres horas y media (respecto al ritmo nutritivo).

Esta ración se tomará a partir de los 45 minutos de duración del esfuerzo y en pequeñas cantidades.

Se puede tratar de una alimentación fuertemente energética —esencialmente glucídica— con una presentación de bajo volumen: barra glucídica, frutos secos o galletas secas, pasta de frutas, o por último pasta de almendras que contiene lípidos, en caso de bajas temperaturas.

Recordemos que un trozo de azúcar de 5 g aporta 20 cal.

Además, durante un tiempo muerto o entre dos medias partes, se podrá tomar un buen refrigerio: plátano, cereales, mini bocadillo, pan de miga, jamón, queso, yogur o sustituto de comidas de bajo volumen.

La ración gaseosa

Es la ración de oxígeno indispensable para la asimilación de nutrientes. Es, pues, esencial en todas las fases de la competición:

— antes de la prueba: respiración amplia, para aumentar las reservas de oxígeno durante un esfuerzo anaerobio;
— durante un esfuerzo prolongado en aeróbica: respiración muy rítmica, forzando la expiración, para no ahogarse en el propio gas carbónico (estar desfallecido);
— tras el esfuerzo: recuperación respiratoria amplia y tranquila para eliminar el gas carbónico y el ácido láctico.

Según los distintos deportes

No siempre hay que alimentarse durante la competición; eso depende de la utilidad o de la oportunidad en cada deporte. Se pueden distinguir tres categorías de deporte:

— *primera categoría:* aquellos deportes en los que no es preciso alimentarse durante la actividad deportiva. Se trata de un esfuerzo intenso de corta duración, pero que a veces es repetitivo. Se puede tomar un poco de líquido entre dos sesiones;
— *segunda categoría:* tampoco es necesario alimentarse, al menos si la sesión no se prolonga eternamente. Duración semilarga: 1 a 2 horas. Alimentación al cabo de los 45 minutos a una hora aproximadamente;
— *tercera categoría:* existe la necesidad de una alimentación y por lo tanto la creación obligatoria de una posibilidad a partir de los 45 minutos de esfuerzo. Se realizará durante la propia actividad deportiva.

A la primera categoría pertenecen deportes como el esquí alpino, el patinaje de velocidad, el remo, la natación, el atletismo, etc.

A la segunda categoría pertenecen la mayoría de deportes de equipo (fútbol, rugby, balonvolea), pero también el tenis (los deportistas se alimentan durante los juegos o los *set*).

A la tercera categoría pertenecen los deportes que realizan esfuerzos de larga duración (el ciclismo, la carrera, el esquí de fondo, la canoa, etc.).

LOS PRODUCTOS DIETÉTICOS DEL ESFUERZO
(SUPLEMENTOS NUTRITIVOS)

Se venden en grandes superficies o en farmacias. Su presentación es variada: barras, líquidos, tabletas, pastillas, etc. Presentan a menudo un alto valor energético calórico con un débil volumen; por ello, son fáciles de transportar y utilizar.

Se distinguen varias categorías:

— *categoría nutritiva equilibrada* en glúcidos, lípidos, prótidos, vitaminas, sales: casi sustituyen a las comidas. Utilizable a veces en percompetición si se realiza una pausa o un medio tiempo, etc.;

ANÁLISIS PARA 100 G DE PRODUCTO ENERGÉTICO	
Glúcidos	75 %
Prótidos	10 %
Lípidos	10 %
Fósforo	150 mg
Potasio	290 mg
Magnesio	91 %
El producto debe igualmente contener vitaminas E, PP, B_1 y B_2.	

— *categoría glucídica*: líquido en botella o en lata, sólido en pasta de frutas, barras de cereales, etc. Debe utilizarse sobre todo justo antes o durante el esfuerzo, tanto en forma de sólido como en forma de líquido, lo que aporta además agua para la rehidratación. Así se evitarán, durante la competición, una disminución de la glucemia y malestares debidos a una hipoglucemia cerebral. Se asocia a esta la vitamina B_1.

COMPOSICIÓN POR 100 G DE PRODUCTO ENERGÉTICO	
Glúcidos	80 %
Magnesio	47 mg
Potasio	43 mg
Sodio	42 mg
+ Vitamina B	

— *categoría lipídica:* suplemento lipídico con vitaminas B_1 y B_2 y ácidos grasos esenciales. A utilizarse en caso de esfuerzo de larga duración o cuando la temperatura disminuye;
— *categoría vitamínica:* complemento rico en vitaminas y en oligoelementos y sales minerales, a tomar en los días que preceden a la competición.

COMPLEMENTO REMINERALIZANTE: COMPOSICIÓN MEDIA POR COMPRIMIDO	
Sodio	65 mg
Potasio	15 mg
Hierro	1,3 mg
Calcio	63 mg
Magnesio	7 mg
Fósforo	8,3 g

Todos esos complementos alimenticios, salvo los dos últimos, necesitan un aumento de la ración hídrica diaria, que deberá llegar hasta los 2,5 o 3 l, aproximadamente.

Dieta poscompetitiva

Su doble finalidad sitúa en un primer tiempo la rehidratación tras el esfuerzo y la desintoxicación del organismo; en un segundo tiempo, se produce la recarga nutritiva y la distribución de la usura de los tejidos relacionada con el esfuerzo físico.

DIETA DE RECUPERACIÓN EN LAS HORAS SIGUIENTES

La cura hídrica

Su objetivo es restaurar la pérdida de agua, luchar contra la acidosis y eliminar toxinas: el ácido láctico, la urea, la mioglobina de degradación de las proteínas musculares.

Lo primero que hay que hacer cuando termina el esfuerzo físico es disminuir de forma progresiva el esfuerzo respirando ampliamente para eliminar el gas carbónico y el ácido láctico que siguen formándose durante un cierto tiempo cuando se detiene el esfuerzo.

Inmediatamente después de la competición, es preciso beber 0,25 l de agua con gas bicarbonatada templada (tipo Vichy); continuar luego bebiendo agua con glucosa o jarabe de arce, ya que el calentamiento muscular continúa durante 20 o 30 minutos tras la detención del esfuerzo.

Después de la ducha (al cabo de 30 minutos), es preciso beber 0,25 l de leche descremada.

Luego, 30 minutos antes de la comida poscompetitiva, beber 0,25-0,5 l de agua mineral o poco mineralizada.

Antes de acostarse, por último, beber de nuevo 0,25 l de leche descremada.

Esta cura debe prolongarse durante 48 horas (2,5 a 3,5 l de agua diarios aproximadamente).

La comida poscompetitiva

Corresponde normalmente a una cena. Acostumbra a ser una comida hiperglucídica que difiere poco del régimen escandinavo. Debe ser ligera, ya que los músculos siguen durante un cierto tiempo bombeando la sangre necesaria para la digestión.

Será pobre en lípidos, pobre en prótidos (prótidos vegetales), rica en verduras y frutas que aporten sales minerales, vitaminas, fibras.

Por otra parte, es también un tema candente la rapidez de la recuperación de prótidos animales después de la competición.

Algunas personas, que están a favor de ello, preconizan desde la primera comida la ingestión de platos de carne picada roja, lo que permite la recuperación de los músculos utilizados en competición.

Los que están en contra denuncian la ingestión de prótidos animales, sobre todo los que están poco cocidos, y su asimilación, ya que aumentan la cantidad de toxinas del organismo. Los prótidos deben recuperarse al día siguiente por la noche, después de la desintoxicación.

Ninguna de estas argumentaciones es completamente errónea. De hecho, es preciso adoptar una solución intermedia teniendo en cuenta las circunstancias: si no existen más competiciones al día siguiente, la recuperación de proteínas deberá empezar más pronto.

Existen distintos tipos de prótidos: cuanto más se acercan los prótidos a nuestra propia sustancia, más las toxinas de su degradación se acumularán con las toxinas de la competición. Es, pues, necesario empezar por el prótido más lejano hasta el prótido más cercano. Por ello la recuperación se iniciará de forma progresiva: los prótidos vegetales en la primera comida, los prótidos animales fríos (pescados, crustáceos, etc.) en la primera y segunda comida; luego llegarán los prótidos animales de carne blanca (ternera, conejo, etc.) y en último lugar, la carne roja.

Composición de la comida

— Caldo con pasta de sopa (fideos) o un caldo de verduras ligeramente salado;
— un plato de fécula (patatas, arroz, pasta, sémolas), cocido en agua salada y servido con queso rallado y una porción de mantequilla fresca;
— un huevo acompañado de una ensalada verde de maíz y aliñada con limón;

— un yogur azucarado, frutos secos o una pieza de fruta madura;
— pan tostado o biscotes: una o dos rebanadas.

Las carnes, los embutidos, las grasas cocidas deben evitarse, lo que no sucede en algunos deportes colectivos donde, por ejemplo, el famoso tercer tiempo no respeta ninguna regla dietética.

Las variantes

Los prótidos estarán presentes en mayor cantidad si tiene lugar una competición al día siguiente.

Composición de la comida

— Un potaje con pasta de sopa o verduras;
— fécula (patatas, pastas, arroz, sémola), cocida en agua salada y servida con un trozo de mantequilla fresca;
— pescado (o carne blanca) asado, ya sea hervido o a la plancha;

— un huevo duro acompañado de ensalada verde con aceite de oliva y aliñado con limón;
— un yogur azucarado o queso;
— una pieza de fruta cocida (compota, tarta de frutas) o madura;
— frutos secos;
— una o dos rebanadas de pan tostado o biscotes.

Si la competición tiene lugar al mediodía, se optará por la ración hídrica habitual. En el momento del almuerzo, se tomará una comida precompetitiva, asociada o no a una ración de espera, si la prueba tiene lugar tres horas más tarde. Si no, la ración alimenticia será poco distinta de la ración percompetitiva (alimentos líquidos equilibrados y complemento glucídico concentrado) y seguida o no de una ración de espera.

LOS TRES DÍAS SIGUIENTES A LA COMPETICIÓN

Durante estos días se establecerá una alimentación de transición que marcará el regreso progresivo a una ración sana o bien a una ración de entrenamiento.

Primer día

Cura de bebida: 2 o 3 l de agua al día, leche descremada, zumo de frutas poco ácidas para disminuir el ácido láctico y las toxinas.
Ración alimentaria: más ligera que la normal (glúcidos lentos, verduras, frutas, pocos prótidos animales, prótidos vegetales, pescado, un poco de carne blanca en la segunda comida).

Composición de la comida

Desayuno
— Una taza de té o café;
— dos o tres rebanadas de pan tostado o biscotes con confitura, mantequilla;
— un vaso de zumo de frutas.

Almuerzo
— Verdura aliñada;
— plato de fécula salada, con queso rallado y un trozo de mantequilla fresca;
— frutos secos o una pieza de fruta madura;
— una o dos rebanadas de pan.

Merienda
— Una gran taza de café o té azucarado o dos vasos de zumo de frutas o de leche.

Cena
— Potaje de verduras;
— plato de verduras verdes;
— dos lonchas de jamón, un trozo de pescado hervido o de carne (pollo, ternera) o dos huevos duros;
— frutos secos o una pieza de fruta madura o cocida;
— una o dos rebanadas de pan.

Segundo día

La comida será más abundante de lo normal, aunque bastante similar a la precompetitiva. Habrá que continuar bebiendo entre 2 y 2,5 l diarios.

Las raciones calóricas e hiperprotídicas serán superiores a las raciones normales.

Es necesario consumir carne o pescado en cada una de las tres comidas.

A partir del tercer día

Este día se puede regresar de nuevo a una alimentación sana de final de temporada, o bien se puede volver a una ración de entrenamiento en el caso de que se tenga prevista una competición en los días siguientes.

Dieta posdeportiva

Se denomina así la dieta recomendada para deportistas experimentados, sea cual fuere su nivel técnico, y que pasan por una pequeña crisis, por lo que deberán pasar de las 4.000 o 5.000 cal a las 2.500 o 3.000 cal como mucho. En estos casos deberá establecerse una etapa intermedia para que todo evolucione correctamente y no haya problemas. Quien se vea sometido a dietas de este tipo no deberá interrumpirlas bruscamente, ya que ello produciría enseguida un aumento de peso y sería mucho más difícil volver a practicar cualquier deporte. Además, es preciso continuar ejercitándose y garantizar la realización de una actividad de acondicionamiento físico.

Por lo que respecta a la distribución diaria del volumen calórico, habrá que tomar las siguientes medidas: seis tomas alimenticias, de las cuales la última se hará a primera hora de la noche. En cuanto a su composición alimenticia, será preciso ajustar muy estrictamente las grasas y los glúcidos rápidos, disminuir o suprimir la proporción de glúcidos lentos de la cena, y por último reducir el volumen calórico. Es muy importante la disciplina: hay que masticar muy despacio y no debe comerse nada entre horas, ni tampoco repetir.

> **EN RESUMEN**
>
> - *La recarga en glucógeno muscular se realiza ocho horas antes del esfuerzo gracias a una comida rica en glúcidos lentos.*
> - *La comida polivalente, tres horas antes del esfuerzo, y la ración de espera ahorra el glucógeno hepático.*
> - *La ración percompetitiva aporta la rehidratación, y la energía en forma de sólido o líquido.*
> - *La ración poscompetitiva desintoxica, rehidrata, recarga en glúcidos lentos y luego en prótidos.*

La modulación de la práctica deportiva en función de la persona

La dieta de la deportista

La dieta para desarrollar una actividad deportiva es unisex, y el término genérico de deportista incluye obviamente a las deportistas, cuyo número y calidad no dejan de aumentar. Sin embargo, la dietética del deporte femenino necesita algunos reacondicionamientos o puntos que deben destacarse, relacionados con ciertas particularidades femeninas, no tanto en cuanto a las raciones pericompetitivas como en la alimentación sana, y en menor medida, en cuanto a la ración de entrenamiento.

Las particularidades femeninas

Pueden ser de orden fisiológico o de orden nutricional.

Particularidades fisiológicas

Las particularidades fisiológicas son genéticas, y se centran en la función maternal. En efecto, lo que caracteriza a la mujer en el seno del género humano es la maternidad o, dicho en términos más triviales, la función reproductora de la especie.

Independientemente del aparato neuroendocrino, mecanismo cíclico, delicado y frágil, inherente a esta función, sin duda la más importante de todas se puede considerar, a grandes rasgos, que el hombre es más denso, más uniforme, su masa muscular es más importante. No tiene nada que recibir, ni nada que se desarrolle en su interior.

La mujer, en cambio, es más blanda, más «elástica», ya que su función de acogida de la futura progenitura la predispone a ello. Su estructura es por lo tanto más rica en agua, en tejido celular y en grasas, sobre todo en la parte más baja del cuerpo, lugar del futuro alojamiento. Ello la predispone a un sobrepeso más fácil, pero por reacción la lleva a una preocupación más evidente y más rápida de la necesidad indispensable de tener un peso correcto para la práctica regular de un deporte.

Un poco de sociología histórica nos muestra que desde todos los tiempos y desde nuestros orígenes más remotos, la función del hombre ha sido gastar la energía para ir a cazar, y la de la mujer ha sido la de realizar reservas en la sangre, luego en la leche, y luego criar a sus hijos.

De ahí la diferencia de estructura y particularmente de masa muscular que, recordemos, es una «bomba» de calorías, incluso en descanso. Al modo de La Fontaine, el hombre sería más bien el roble y la mujer el rosal.

Particularidades nutricionales

Estas particularidades ya están adquiridas. Sin embargo es interesante recordar algunos puntos:

— el sobrepeso femenino se produce al disminuir la eliminación de calorías, y no debido a un hipercalorismo;
— una insuficiencia tiroidea funcional más frecuente en la mujer que en el hombre la predispondría a ello;
— la ausencia de hiperfagia en la mujer se compensa con una necesidad crónica de tomar algún bocado;
— el gusto por las golosinas y los tentempiés está muy relacionado con la necesidad de azúcar (los hombres, por el contrario, prefieren los alimentos salados);
— el aumento de azúcares ingeridos por la mujer disminuye en la misma proporción la cantidad de proteínas;
— los azúcares lentos se almacenarían más fácilmente en la mujer que en el hombre;

— la mujer no bebe generalmente lo bastante, de ahí la frecuencia en ella de estreñimiento y cálculos renales;
— los regímenes repetidos conducen a un adelgazamiento más difícil y lento;
— a menudo la comida se convierte en un poderoso estimulante;
— en casos de fragilidad e hipersensibilidad, pueden darse cuadros de bulimia o estrés.

Sea lo que sea, estas particularidades, naturales o no, conducen a una propensión al sobrepeso (20 al 30 % en la mujer frente al 15 al 20 % en el hombre) que está ampliamente regulado por lo que en medicina se llama *etapas de la vida genital*: pubertad, embarazo, menopausia. Todo aderezado con el ritmo de los «años que pasan».

La repercusión de estas particularidades disminuye con la frecuencia y la intensidad de la práctica deportiva; sin embargo, necesitan ciertos acondicionamientos particulares centrados esencialmente en la alimentación salud.

• **En el plano de la tomas alimentarias y los volúmenes calóricos.** Se trata de detener estrictamente el hábito de picar y sustituirlo por seis ingestas al día (ni más ni menos). Es el mejor tratamiento preventivo de bulimias de todo tipo.

Las comidas deben tomarse en la mesa con un vaso, un plato y cubiertos.

• **En el plano de los nutrientes.** Deben disminuirse sobre todo los azúcares lentos, y evidentemente, aumentar las proteínas (sobre todo vegetales) y las fibras para luchar contra el estreñimiento.

• **En el plano higiénico y dietético.** Aunque se trate de una práctica del acondicionamiento físico o del deporte, conduce a una estimulación de las eliminaciones, lo que también aumentará la masa muscular y por lo tanto la bomba de quemar calorías.

Es conveniente, por otra parte, beber al menos 2 l de agua al día para evitar el estreñimiento y los cálculos renales, practicar la relajación, la natación y apelar a los antiestresantes naturales.

Para la salud y el equilibrio psicológicos, se preconizará la supresión del tabaco y el alcohol y la disminución del consumo de café.

Menstruación y píldora

Las hormonas de segunda parte del ciclo (progesterona) conllevan la formación de reservas grasas en vista de un eventual embarazo, lo que es totalmente lógico. Estas reservas son difícilmente movilizables salvo en el caso de un embarazo y lactación, lo que es muy lógico desde el punto de vista de su utilización por parte del futuro niño. Resultado posible: 50 g ganados cada vez.

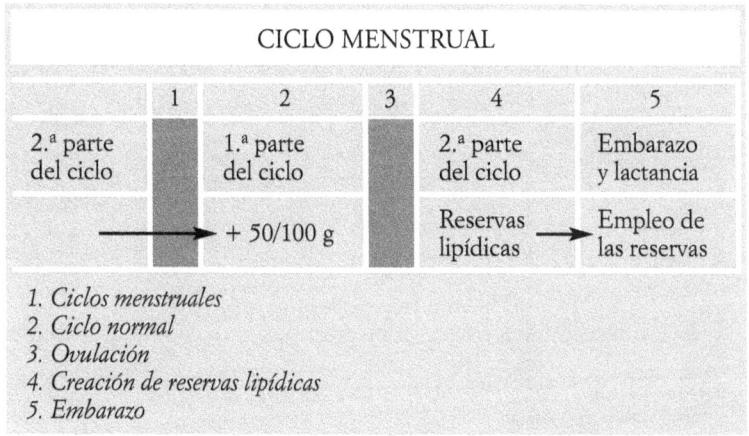

1. Ciclos menstruales
2. Ciclo normal
3. Ovulación
4. Creación de reservas lipídicas
5. Embarazo

No se trata, evidentemente, de estar embarazada para escapar a este sobrepeso periódico. En esta fase interviene la prevención, lo que nos lleva a la píldora anticonceptiva.

Este tipo de fármacos elimina la hiperfagia provocada por la ansiedad si bien puede hacer que el peso de la paciente aumente hasta 4 o 6 kg en algunos meses, por lo que habrá que poner especial atención en casos de mujeres jóvenes con tendencia al sobrepeso y que practiquen o deseen practicar un deporte. Por otra parte, hay que tener en cuenta que la menstruación y el tratamiento con píldoras anticonceptivas pueden llegar a condicionar una carrera deportiva.

En consecuencia, es conveniente aplicar una disminución de los lípidos y de los glúcidos durante la segunda mitad del ciclo, realizar una toma de hierro y oligoelementos que combata las anemias ligeras, factores de tendencia a la gordura, y por último, aumentar las eliminaciones durante la primera mitad del ciclo, mediante una estricta aplicación del programa de acondicionamiento físico.

El embarazo

Es preciso evitar las causas de sobrepeso en las distintas etapas del embarazo y completar el aporte alimenticio para evitar que la madre se quede sin reservas al término del embarazo y pueda, de este modo, retomar el entrenamiento.

EMBARAZO Y AUMENTO DE PESO			
	Embarazo	Parto	Posparto
Tres meses «Antojos» alimentarios	— Retención de agua + sal — Sobrealimentación = peligro de niño obeso		Sobrepeso + silueta

El embarazo hace correr diferentes riesgos según su evolución:

— al principio del embarazo, los «antojos» repetidos pueden provocar un aumento de peso;
— luego la impregnación hormonal conlleva sobre todo una retención de agua y sal. Es preciso saber que en caso de sobrealimentación, el riesgo de tener a un niño obeso es importante si no se toman medidas de «protección maternal e infantil» contra el sobrepeso;
— en el posparto, la mujer se encuentra con un sobrepeso que debe eliminar y con una silueta que debe afinar, especialmente si ya ha tenido varios embarazos. Todo ello retrasa la reanudación de un entrenamiento deportivo.

Durante el embarazo, son necesarias seis comidas al día, ya que el feto se alimenta continuamente (¿será esta la causa de los «antojos»?). La ausencia de sobrecarga alimentaria provoca menos tendencia a los vómitos al principio del embarazo. Por último, no olvidemos que el estómago está comprimido al final del embarazo y tolera mejor varias comidas pequeñas.

Es conveniente aumentar las proteínas para el desarrollo del niño, el calcio para sus huesos y el hierro para sus glóbulos rojos. Hierro y calcio pueden tomarse en oligoelementos.

En el posparto, es preciso llevar a cabo una verdadera desintoxicación hormonal en forma de una cura hídrica asociada a una estimulación física. Son recomendables en estos casos los ejercicios de gimnasia de musculación abdominal que permita volver lo más rápidamente posible a la práctica deportiva.

Menopausia y posmenopausia

El acontecimiento de la menopausia es un periodo de grandes perturbaciones, es el periodo de las «comidas» congestivas y depresivas. Luego aparece el conflicto entre las modificaciones del aparato genital y la persistencia de deseos sexuales. La naturaleza considera que el organismo de la mujer ya no es apto fisiológicamente para soportar sin peligro la gestación, lo cual produce un serio trastorno en la mujer que contribuye a una desvalorización, ya que supone la imagen contraria a la del orgullo de la aparición de la menstruación. Esta desvalorización provoca, según los caracteres, o una depresión más o menos amarga, o bien, al contrario, un salto hacia nuevos intereses, intelectuales y deportivos especialmente.

Los riesgos potenciales son grandes: consisten, evidentemente, en un aumento compensatorio del consumo calórico; es el «te dejas llevar» de Charles Aznavour. El sobrepeso es más hombruno, invade la parte media del cuerpo y los riesgos se multiplican: prediabetes, problemas cardiocirculatorios. Se añade a menudo una descalcificación que provoca discusiones sobre el tratamiento hormonal de esta menopausia (otro factor de sobrepeso).

Obviamente, la práctica regular del deporte permite superar este momento minimizando sus repercusiones negativas.

No obstante, la alimentación sana en estas épocas de la vida es común al hombre y a la mujer, y deberá por lo tanto orientarse de nuevo hacia una disminución de las grasas, sobre todo animales, un control de los azúcares y del alcohol, y una disminución de la sal en la alimentación . Será necesario, por otra parte, seguir conservando una buena distribución de la alimentación durante el día.

En resumen, la dieta de la deportista tenderá a evitar un aumento de peso. Un cierto número de medidas deberán tomarse en caso de episodios genitales de la mujer, de modo que tengan el efecto menos favorable posible en la práctica deportiva.

La práctica del deporte formará parte inherente de una cierta filosofía de la vida y del tiempo que pasa.

La dieta del joven deportista (niño y adolescente)

Está destinada a asegurar una alimentación sana y variada, para favorecer a la vez el crecimiento y la progresión deportiva.

Además, permitirá evitar los malos hábitos nutritivos que conducen, entre otras cosas, a un aumento de peso.

En efecto, es notorio y evidente que el número de jóvenes con sobrepeso aumenta año tras año; es preciso luchar contra dos tendencias en el momento actual:

— la que tiende a disminuir el número de comidas y especialmente a saltarse el desayuno (¡y no hablemos de la merienda!);
— la que tiende a una alimentación a base de comida rápida, demasiado calórica, y demasiado rica en azúcares y lípidos.

Se puede regular, por ejemplo, comiendo un *fishburger*, una ensalada mixta y tomar un zumo de frutas con agua. Se pueden visitar de vez en cuando los restaurantes de comida rápida, pero debe evitarse convertirlos en su modo de nutrición habitual. Además, a pesar de que Estados Unidos ha exportado este tipo de establecimientos a todos los paises del mundo cada vez es mayor la polémica sobre la calidad de sus productos. En este sentido, el deporte es indirectamente, pero de forma inevitable, una escuela de educación nutritiva.

PRESCRIPCIONES BÁSICAS

El volumen calórico será superior al normal y deberá calcularse en función de la edad.

La composición

Los glúcidos lentos se tomarán en cantidad suficiente pero sin el exceso habitual, ya que pueden provocar sobrepeso: los cereales son preferibles a los pasteles. Los glúcidos rápidos deben evitarse, salvo en el caso del esfuerzo físico.

Los lípidos se tomarán en cantidad suficiente pero no excesiva: se privilegiará el pescado y los lípidos vegetales, ya que aportan las vitaminas liposolubles y sobre todo la vitamina D indispensable para el crecimiento.

Los prótidos serán mitad de origen animal y mitad de origen vegetal: 2 g al día en periodo de crecimiento. No se olvidarán los prótidos de calcio (lácteos). Los frutos frescos y las verduras aportan vitaminas, oligoelementos, sales minerales. La alimentación debe igualmente aportar hierro. El fósforo es indispensable para el cerebro. Puede obtenerse a través del pescado.

La distribución

El niño tiene naturalmente tendencia a realizar cuatro comidas al día, con una merienda hacia las 17.30 h en forma de merienda y un reparto 60 %-40 % con una cena ligera y un desayuno abundante. Lo importante es que no pierda sus buenas costumbres.

La dieta pre, per, y poscompetitiva no debe aportar demasiados glúcidos lentos, ya que pueden provocar sobrepeso. Durante la fase poscompetitiva es preciso insistir en los prótidos a causa del crecimiento del niño.

ENTRENAMIENTO

Debe llevarse a cabo sin excesos, con pausas frecuentes, ya que puede provocar ciertos trastornos en el desarrollo. Los ejercicios más recomendables son los siguientes:

— pruebas de velocidad moderada;
— pruebas de baja potencia, sin musculación intensiva;
— movimientos que no exijan un esfuerzo excesivo a las articulaciones (rodillas para el fútbol, columna vertebral para el judo, talones para la carrera, etc.).

El entrenamiento se realizará con agilidad, reflejos, estiramientos, sin forzar las articulaciones, previendo tiempos de descanso, sobre todo en el momento de la pubertad, durante la cual el niño es más vulnerable. Algunas articulaciones son más sensibles: las rodillas en el fútbol; la columna vertebral en el judo; los talones en las carreras o el tenis.

Los deportes recomendados son la natación, la bicicleta, la marcha, el *footing* ligero, el remo, la gimnasia de estiramientos, los deportes combinados sin especialización (triatlón joven).

Hábitos

Es preciso insistir en la importancia del descanso, de una vida equilibrada: mitad deporte, mitad escolar; los dos aspectos se complementan.

Es preciso también vigilar para que no se adquieran malos hábitos: alcohol, tabaco u otros.

EN RESUMEN

- *La dieta del deportista joven tiene en cuenta las particularidades específicas durante la infancia: calorías, prótidos, oligoelementos.*
- *El entrenamiento será polivalente, ligero, discontinuo.*

Otras cuestiones relacionadas con la dieta del deportista

Malestar y desfallecimiento durante la práctica deportiva

Estos incidentes se deben por lo general, salvo circunstancias particulares de la competición, a un desconocimiento o a una mala aplicación de las reglas generales de la dietética deportiva. Dichos problemas se pueden dividir en dos partes: malestar general de origen cerebral y desfallecimiento local de origen muscular.

Malestar general

Se debe, normalmente, a la disminución de glucosa circulando en el cerebro y sucede en general cuando el índice de glucemia, normalmente igual a 1 g por litro, llega a 0,5 g o por debajo. El cerebro es particularmente sensible a este tipo de carencias, porque no puede utilizar los combustibles de origen lipídico; la glucosa es su único alimento. Este malestar tiene dos tiempos: primero la disminución de la glucemia que provoca una secreción de adrenalina que aumentará la irrigación del cerebro, con una sensación muy temporal de «euforia muscular». Si no se produce aporte de glucosa, se producirán enseguida problemas generales con sensación de debilidad, de malestar, de falta de coordinación motriz: los músculos funcionan correctamente, pero el cerebro es el que no puede coordinar los movimientos. Estos signos suceden en general al cabo de 45 minutos del esfuerzo relativamente intenso. Necesitan a menudo que se detenga la competición y que la persona ingiera un líquido hiperglucosado.

Para evitar este tipo de malestar, es imprescindible que la persona realice una buena comida precompetitiva tres horas antes de la competición, para recargar el glucógeno hepático, sobre todo si se trata de un desayuno; será preciso entonces añadir glúcidos lentos como cereales o pasteles de arroz. Por último, no debe menospreciarse la alimentación durante la competición, ni en particular el aporte en líquido glucosado, a partir del transcurso de un cierto tiempo.

Pero ciertos malestares tienen a menudo una relación más estrecha con el entorno climático.

La deshidratación es el malestar más frecuente: es un problema muy camuflado, ya que los signos aparecen de forma progresiva: un retroceso casi imperceptible pero creciente de las marcas, problemas de vigilancia, pérdida de reflejos, más tarde problemas visuales y vértigos, y por último debilidad generalizada.

La insolación, más infrecuente, puede ser muy grave, con dolores de cabeza, vértigos, problemas motrices, pérdida de conciencia, incluso coma; todo ello se debe a un edema del cerebro relacionado con el calentamiento a causa del sol.

La prevención consistirá en un equipamiento adecuado a las condiciones ambientales (ropa, gorra, etc.) y en un plan de hidratación que evite incluso la aparición de la sed.

DESFALLECIMIENTO MUSCULAR

Se debe al cansancio del glucógeno muscular. Llega más tarde, al cabo aproximadamente de una hora y media o dos de esfuerzo intenso. Se traduce en un agotamiento de los músculos asociado a veces a calambres, mientras que el atleta está perfectamente lúcido y no siente el malestar general.

Aquí de nuevo, el abandono de la competición, el descanso y la recarga de glucosa son a menudo muy necesarios.

La prevención de este tipo de incidentes está constituida por:

— una buena recarga en glucógeno los días precedentes al esfuerzo y a la penúltima comida precompetitiva;
— un entrenamiento regular y sostenido que permitirá utilizar sobre todo los lípidos y ahorrar el glucógeno muscular.

TABLA DE RECAPITULACIÓN

	Causas	Síntomas	Prevención
Malestar general	Deshidratación Disminución de la glucosa circulante (cerebro)	Muy progresivo Falta de coordinación Debilidad general Sucede tras 45 minutos de esfuerzo	Plan de hidratación adaptado Comida precompetitiva completa (tres horas antes) Glucosa percompetitiva
Desfallecimiento muscular	Agotamiento del glucógeno intramuscular	Cansancio de los músculos, más o menos calambres No hay pérdida de conocimiento Sucede tras una hora y media de esfuerzo	Recambio glucogénico ocho horas antes Entrenamiento (utilización de ácidos grasos)

Deporte y alimentación especial

El problema se plantea sobre todo en el caso del deporte de alta competición o de actividad deportiva profesional. Fuera de esos dos casos, se puede escoger siempre un deporte adaptado al tipo de alimentación considerado.

Hablaremos aquí de alimentaciones particulares que plantean problemas respecto a los prótidos animales, ya sea por elección deliberada, o por intolerancia o alergia a los prótidos animales: eczema, reumatismos, albúmina... Estos modos de nutrición obedecen a menudo a una búsqueda de alimentos biológicos, lo cual es digno de encomio.

LOS DISTINTOS MODOS DE NUTRICIÓN ESPECIALES

Desde el más estricto al más liberal, se pueden citar:

— el vegetarianismo estricto: la persona se alimenta exclusivamente de vegetales (frutos, verduras, cereales, féculas), sin proteínas animales en absoluto;
— el vegetarianismo mixto: la persona se alimenta de vegetales, pero también de productos derivados animales (huevos, lácteos).

DISCUSIÓN

Es difícil abstenerse completamente de las proteínas animales, ya que para ser absorbidas, las proteínas necesitan un abanico de aminoácidos que se encuentran en muy pequeñas cantidades en las proteínas puramente vegetales, incluso las asociadas (como es el caso de los cereales integrales y las leguminosas o el de las leguminosas y las oleaginosas).

Incluso si no se adopta el principio 50 % de animal y 50 % de vegetal, se pueden tolerar productos derivados (huevos, lácteos) y prótidos fríos (pescado, crustáceos, incluso carne blanca muy cocida).

En cuanto al deporte, se evitarán los deportes de velocidad, de potencia o de relajación, que necesitan importantes masas musculares que exigen proteínas animales, para centrarse en deportes de reflejos, de flexibilidad, de habilidad o de concentración o una actividad deportiva de resistencia suave, con pausas entre los entrenamientos más o menos largas según si el régimen es pobre o no en prótidos de origen animal.

Sin embargo, se pueden citar numerosos ejemplos de deportistas de muy alto nivel que son vegetarianos: la patinadora Surya Bonalli, las tenistas Chris Evert y Martina Navratilova, el campeón mundial de triatlón Dave Scott, así como otros campeones de boxeo, salto de esquí, *body buiding*, etc.

> DIEZ CONSEJOS A SEGUIR
>
> 1. *Recárguese en la penúltima comida (ocho horas).*
> 2. *Deje al menos tres horas como mínimo entre la última comida y la competición.*
> 3. *Beba durante el calentamiento.*
> 4. *Beba antes de tener sed (plan de hidratación).*
> 5. *Adapte la composición de líquidos al entorno térmico.*
> 6. *Después de 45 minutos: alimentación líquida azucarada.*
> 7. *Si el esfuerzo es superior a las tres horas y media: alimento azucarado concentrado.*
> 8. *Cura de lavado después de la competición, sobre todo si produce una nueva prueba.*
> 9. *Pocos prótidos después de la competición; recuperación progresiva.*
> 10. *Peso correcto y forma física antes del entrenamiento y la competición.*

Los medicamentos

LOS MEDICAMENTOS PROHIBIDOS

Desde todos los tiempos, para mejorar sus resultados físicos, el hombre ha intentado utilizar medios artificiales: el dopaje.

«Se considera dopaje la utilización de sustancias y de todos los medios destinados a aumentar artificialmente el rendimiento en caso de competición, lo que puede provocar un perjuicio a la ética deportiva y a la integridad física el atleta». (Comité Olímpico Internacional).

Actualmente, el nivel más alto de las competiciones deportivas asociado a intereses financieros directos (deporte profesional) o indirectos (promotores) ha multiplicado esta tentación.

Los medios de dopaje son múltiples. En el momento o poco antes de la competición, ciertos deportistas utilizan psicoestimulantes o bien cardiotónicos que permiten prolongar artificialmente la duración o la intensidad del esfuerzo físico.

En el transcurso e incluso antes de la competición, algunos atletas utilizan esteroides o anabolizantes para aumentar artificialmente la masa muscular y, por ejemplo, masculinizar el porte de ciertas atletas femeninas, como sucedió en una época determinada.

Además, deben tenerse en cuenta dos aspectos muy importantes:

— es un medio ilícito, contrario a la ética del deporte y perjudicial para los demás participantes en la prueba;
— daña seriamente la salud, ya que puede provocar una fuerte adicción.

El dopaje está prohibido por la ley y los reglamentos. Existe una lista de sustancias prohibidas (véase la relación del anexo). En caso de duda, siempre es posible realizar un control. El dopaje es peligroso para la salud de los deportistas y para la salud del deporte. La gloria deportiva es muy efímera y no merece que se ponga en peligro la propia integridad física.

DIEZ ERRORES QUE DEBEN EVITARSE

1. *Tomar fuerzas en la última comida (ocho horas antes).*
2. *Comer justo antes del esfuerzo.*
3. *Tomar pastillas de sal o de potasio.*
4. *No beber, ya que puede mermar las fuerzas.*
5. *Beber en periodo de espera.*
6. *Aumentar la ingestión de carnes o vitaminas.*
7. *Pensar que el alcohol da energía.*
8. *Rechazar el alimento tras 45 minutos de competición.*
9. *Esperar a tener sed para beber.*
10. *Pensar que el deporte adelgaza y da salud.*

Deporte, diátesis y oligoelementos

La oligoterapia, como medicina suave, no se utiliza, evidentemente, como un dopante, sino con el fin de influir en ciertas tendencias debidas al individuo y que pueden tener un efecto desfavorable en lo que respecta a la práctica del deporte. Los oligoelementos actúan más como regularizadores que como correctores.

• El deportista *hiperreactivo* tiene una tendencia natural a los espasmos y a los calambres musculares. Su máximo nivel energético se sitúa al final del día; el entrenamiento se realizará pues preferentemente por la tarde.

Los oligoelementos que debe tomar son el manganeso, el fósforo, el magnesio y el potasio.

- El deportista *hiporreactivo* tiene dificultades de recuperación entre los esfuerzos. Su máximo nivel energético se sitúa al principio del día; el entrenamiento se realizará preferentemente por la mañana.
  Los oligoelementos que debe tomar son: manganeso, cobre, fósforo, magnesio y potasio.

- El deportista *distónico* presenta a menudo signos de estrés precompetitivo asociados a problemas de la glucemia (hipoglucemia). Su máximo nivel energético se sitúa a mitad del día; el entrenamiento se realizará durante este periodo.
  Los oligoelementos que debe tomar son: manganeso, cobalto, cinc y níquel.

- El deportista *anérgico* presenta a menudo dificultades al esfuerzo prolongado. Su nivel energético se reparte durante todo el día; el entrenamiento se fraccionará durante todo el día.
  Los oligoelementos que debe tomar son: cobre, oro, plata y litio.

Por último, para las diátesis hiporreactiva y anérgica, se añadirá vitamina C y cobre de forma asociada *(vitacobre)*.

Entrenamiento físico y psicológico

Los entrenamientos físicos y psicológicos completan la dietética. Forman con esta última la tríada fundamental del deporte practicado en su plenitud.

EL ENTRENAMIENTO FÍSICO

Su objetivo es doble: restablecimiento o conservación de la salud, por una parte, y desarrollo de las cualidades requeridas para el deporte en cuestión, por otra parte.
Se puede distinguir un entrenamiento básico que desarrollará ciertas cualidades: resistencia, relajación, flexibilidad, etc. —este entrenamiento es esencial en el atletismo—, y un entrenamiento más técnico, específico del deporte correspondiente: driblar con un balón, descender en eslalon con esquís, etc.
El entrenamiento básico, que nos interesa sobre todo en esta obra, puede practicarse en resistencia sostenida, con resistencia fuerte o suave para los deportes de esfuerzo discontinuo o varia-

ble en intensidad y en ritmo, y por último en velocidad y relajación para las actividades de potencia instantánea.

Para los deportes que se practican en potencia, es decir velocidad y relajación de corta duración, se aconsejan las sesiones de estiramientos y de musculación. Podrán revestir un aspecto más específico en cada deporte.

Una parte de este entrenamiento podría realizarse en instalaciones cubiertas y otra parte al aire libre.

El acondicionamiento psicológico

Consiste en sesiones de relajación destinadas a evitar o a minimizar el estrés precompetitivo. También podrá desarrollar una cierta imagen mental en precompetición o percompetición para visualizar un esfuerzo físico armonioso y victorioso. Sin querer ampliar este tema más allá de lo que atañe a la obra, se pueden retener cuatro conceptos básicos de sentido común:

— tener la voluntad de entrenarse regularmente: fraccionar, «crear rutinas», «salir» todos los días;
— tener la sabiduría de no forzar: utilizar el cronómetro para tomarse el tiempo y no para hacer tiempos;
— tener la lucidez de no perder el control del cuerpo, empujado por el deseo de ganar, el juego o el equipo;
— evitar el masoquismo: no estamos aquí para hacernos daño, es preciso saber escuchar al propio cuerpo.

EN RESUMEN

• *El desfallecimiento muscular y el malestar general desaparecen casi por completo si se respetan las reglas de la dietética deportiva.*

• *El deporte de alto nivel no es incompatible con un aporte nulo o poco importante de proteínas animales.*

• *Los oligoelementos pueden permitir optimizar los resultados de la actividad deportiva.*

• *El entrenamiento físico y la puesta a punto psicológica son los complementos de la dietética.*

Principios tecnicodietéticos del deporte

Hasta aquí hemos tratado la dieta del deportista partiendo de un punto de vista nutricional y planteando las variantes según las modalidades deportivas. A partir de aquí, adoptaremos un punto de vista contrario: partiremos de las modalidades de la actividad deportiva para deducir las consecuencias dietéticas, higiénicas y de comportamiento lógicas. Esto afectará a tres niveles:
1. La preparación a la actividad deportiva.
2. Las modalidades técnicas del ejercicio deportivo propiamente dicho.
3. La organización de la actividad deportiva.

El preámbulo de la actividad deportiva

Además de la elección de un deporte —que debe hacerse siempre en función de las preferencias y las posibilidades físicas de cada persona— deben tenerse en cuenta las posibilidades de recuperación física que exige y la actividad física que requiere.

La recuperación de una buena forma física

La recuperación se lleva a cabo mediante dos actividades, a saber: el entrenamiento (que algunos profesionales suelen denominar *acondicionamiento físico*) y la alimentación, que evidentemente deberá seguir las normas dietéticas que se han comentado. Según el estado de salud que se disfrute, habrá que preparar un programa de ejercicios y una dieta específicas.

Si no hay ningún problema de salud

Si ya se practica un programa de entrenamiento, habrá que comprobar si este es completo y adecuado. En el caso de que no se practique apenas ningún tipo de ejercicio físico, lo mejor será ponerse manos a la obra y comenzar por un programa sencillo que podrá complicarse a medida que se vaya recuperando la buena forma.

Una de las mejores maneras para estar en buenas condiciones es dedicar dos o tres tardes a la semana a gimnasia aeróbica y emplear unos minutos cada día al *stretching*.

Por lo que respecta a la dieta, habrá que ceñirse a las siguientes indicaciones:

- Volumen calórico: de 2.000 a 2.500 cal.

- Composición de la alimentación: 55 % de glúcidos (de los cuales, un 5 o un 10 % serán rápidos), 30 % de lípidos (de los cuales, dos tercios procederán del pescado o los vegetales y el restante de la carne), y 15 % de prótidos (una mitad de origen vegetal y la otra animal).

- Distribución diaria de los alimentos:

— cuatro comidas por día: desayuno, almuerzo, merienda y cena (y, en todo caso, un pequeño refrigerio o resopón);
— distribución del volumen calórico: un 60 % para la primera mitad del día y un 40 % para la segunda;
— repartición de los principios nutricionales según un orden decreciente de almacenaje: glúcidos y lípidos durante los dos primeros tercios del día y prótidos y fibra a lo largo del tercero.

Si hubiese algún problema de salud

Es preciso tener en cuenta todos aquellos trastornos metabólicos relacionados con los malos hábitos provocados por la vida moderna: ateroma, hipertensión y sobrepeso. Estos problemas, que pueden y deben curarse mediante tratamiento médico, exigen un entrenamiento suave que vaya endureciéndose de manera paulatina que deberá ser supervisado por un especialista, así como un régimen alimentario muy estricto que contemple lo siguiente:

- disminución o supresión de las grasas, salvo las de origen vegetal o marino;
- disminución o supresión de los glúcidos rápidos (es decir, de todos los alimentos azucarados);
- reducción, si se considerase conveniente, de los glúcidos lentos (cereales y féculas);
- disminución o supresión de la sal en aquellos casos en que hubiese problemas cardiocirculatorios.

Todas estas medidas permiten alcanzar unas buenas condiciones físicas.

Compromiso o nivel de actividad física

El primer nivel consiste en una actividad física básica que incluya el acondicionamiento físico al que se pueda añadir al cabo de un mes algunos partidos de fútbol o de tenis, algunas sesiones de resistencia. El espíritu que debe guiar la práctica es el del mantenimiento de la forma. Este nivel precisa solamente otras modalidades dietéticas como la alimentación sana descrita en los capítulos anteriores. Como mucho puede regularse previendo una comida que preceda a la sesión deportiva, que esté alejada de al menos tres horas y que sea relativamente ligera. No volverá a tratarse este tema.

El segundo nivel es el del deportista aficionado comprometido o con una actividad física más intensa. Este tipo de actividad tiene a menudo implicaciones cardiovasculares más importantes y sólo se puede aconsejar una moderación en el ejercicio de la práctica deportiva. La dietética se centrará en la ración de entrenamiento, que será una adaptación progresiva de la alimentación sana, así como en las reglas comunes de las raciones pericompetitivas.

El tercer nivel es el del deporte de alto nivel o profesional o una actividad de alto riesgo. Tanto una como otra práctica deportiva necesita una condición física óptima, tanto en el ámbito físico como en el ámbito psicológico. Su dietética no es el objeto de este libro, ya que precisa un programa especializado y personalizado, a menudo incluido en la práctica del deporte mismo a este nivel. En algunos casos, no obstante, se puede preconizar, a título básico, el respeto a las reglas generales de la dietética del deporte asociado a una higiene de vida más regular, en cuanto al alcohol, el tabaco, el sueño, la relajación, etc.

Si desea en un determinado momento, al cabo de los años, reducir la práctica deportiva al mantenimiento de las condiciones físicas, deberá escoger la modalidad que se acerque más a un ejercicio de resistencia sostenida. De todos modos, será preciso practicar ese deporte a su propio ritmo si se practica individualmente, o bien escoger un equipo si se practica colectivamente.

Las modalidades técnicas del ejercicio deportivo

Se emprenderán siguiendo tres puntos de vista:

— el modo de practicar el deporte en cuestión;
— la duración de la actividad deportiva;
— las condiciones del entorno, y en especial las climáticas.

El modo de practicar el deporte

El modo de practicar un deporte tendrá consecuencias dietéticas particulares, ya que habrá que atender a las necesidades de una constitución corporal más o menos específica que afecten sobre todo a la masa muscular, la utilidad o la tolerancia de una cierta masa grasa y la importancia o no de reservas de glucógeno muscular. También tendrán consecuencias en la higiene de vida, en el comportamiento respecto al deporte y, por último, en el entrenamiento básico.

Se pueden distinguir cuatro tipos de modalidades de práctica. Lógicamente para cada actividad predominará una de ellas, pero muy a menudo, dos o incluso tres de ellas se encontrarán en el mismo deporte. Distinguiremos sucesivamente: la resistencia, la resistencia sostenida, la potencia y la bioinformación.

LA RESISTENCIA

Es un modo anaerobio: glucosa sin oxígeno. La resistencia afecta a los esfuerzos musculares sostenidos, con una duración de 30 a

90 segundos aproximadamente, y que son a menudo repetitivos. Plantean, por lo tanto, un doble problema:

— el sostenimiento del esfuerzo hasta el final;
— la recuperación más o menos rápida entre dos esfuerzos consecutivos.

Esta resistencia podrá ser una resistencia ajustada, como en atletismo, donde los esfuerzos están bien calibrados y los intervalos también; o podrá ser no ajustada, donde los esfuerzos están mucho más descosidos como, por ejemplo, en los deportes de equipo (fútbol, rugby, etc.), con un riesgo cardiovascular más acentuado y una recuperación a veces más difícil.

La lógica del cuerpo será por lo tanto en esos casos una potencia y un volumen muscular relativamente importantes, asociados a una masa grasa débil de modo que la persona se pueda desplazar fácilmente.

La lógica dietética que emanará de ello será conducir la alimentación sana a una ración de entrenamiento llamada estándar, es decir equilibrada en glúcidos, lípidos, prótidos. Recordemos sus características:

• Volumen calórico: 3.000 cal.

• Composición: prótidos a 2 g por kilo y por día, glúcidos lentos a 60 %; pocas grasas.

• Distribución durante el día: 55-45 % con una parte de glúcidos lentos por la noche, sobre todo si está justificada por el consumo calórico y una eventual secuencia deportiva (competición o entrenamiento) del día siguiente.

El consejo de comportamiento será, sobre todo en los deportes colectivos, guardar bien el control de su esfuerzo físico.

El entrenamiento básico se realizará en resistencia, pero también en resistencia sostenida para la forma y para poder recuperarse más fácilmente y rápidamente entre las fases de resistencia.

La resistencia sostenida

Es un modo de funcionamiento aeróbico (glucosa, ácidos grasos y oxígeno). Se trata de un esfuerzo físico de larga duración, de una o varias horas, de intensidad moderada, que puede afectar sólo a una parte del cuerpo (las carreras) o a la totalidad del cuerpo, por ejemplo el remo, el esquí de fondo, la natación (lo que puede variar el nivel calórico del esfuerzo). Este esfuerzo puede servir también para mover un mecanismo (bicicleta, remo) o dominar una fuerza motriz exterior (vela, coche).

En los dos primeros casos, la reserva glucogénica muscular es muy importante y por lo tanto la ración de entrenamiento debe ser regulada. En la semana precedente a la competición, se optará por el régimen disociado escandinavo en dos tiempos, o por el método simplificado tres o cuatro días antes de la competición (una cena hiperglucídica).

En el tercer caso, la higiene de vida y el equilibrio psicológico toman una mayor importancia. El consejo de comportamiento será repartir bien su esfuerzo: no forzar demasiado al principio de manera que se conserve energía para el final.

El entrenamiento básico se realizará obviamente en resistencia sostenida, pero también con fases de aceleración en resistencia, de modo que se pueda conservar un poco de energía de reserva.

La potencia (fuerza y velocidad)

Es un modo anaerobio: utiliza las reservas ATP.

Se trata de un esfuerzo instantáneo que puede consistir en un desplazamiento o un levantamiento de sí mismo: carrera de vallas, salto de pértiga, salto de altura, etc.; o bien más simplemente levantar y proyectar un peso exterior: disco, martillo, peso, halterofilia. Entre los dos se sitúa el lanzamiento de jabalina, ya que conlleva a la vez carrera y el lanzamiento.

La lógica: en los dos primeros casos, es necesario un volumen muscular importante. En el primer caso, donde el atleta se desplaza y se levanta a sí mismo, es importante tener una masa grasa lo más débil posible; en el segundo caso, cuando se levanta y se lanza un objeto exterior (salvo la jabalina), puede ser tolerada la existencia de una masa grasa razonable.

La ración de entrenamiento deberá por lo tanto ser regulada en este sentido y prever al extremo un régimen hiperprotídico cíclico o, más a menudo, un método simplificado: 20 g de prótidos una hora y media antes del entrenamiento durante una o varias semanas que preceden a la competición. Si se cree conveniente, añadir un periodo de desengrasado o secado muscular, si fuera necesario: prótidos, 3 g al día, ración de entrenamiento hipercalórica, al menos al principio. Pertenece a este grupo, aunque un poco aparte el *body building*, donde el volumen y la plástica muscular cuentan más que la potencia propiamente dicha.

El consejo de conducta será no prejuzgar jamás sus fuerzas de modo que se eviten los accidentes.

El entrenamiento básico se realizará, obviamente, en potencia instantánea, pero también en resistencia y resistencia sostenida para una buena forma cardiovascular y para quemar las grasas en caso de régimen hiperprotídico cíclico.

LA BIOINFORMACIÓN (O BI)

Esta modalidad no afecta directamente al esfuerzo muscular, sino a las informaciones dadas por los órganos del equilibrio: las orejas, los ojos, así como los tendones, los músculos y las articulaciones. Se acercan a estos los reflejos de salida y de reacción. Acusa la rapidez y la calidad del influjo nervioso y sensorial. Estos elementos se asocian muy a menudo a otras modalidades de práctica deportiva.

Por lo tanto seguir un modo de vida irreprochable: dormir suficientemente, no tomar excitantes, no tomar alcohol, no fumar, etc.; además será preciso añadir a la ración alimenticia citada anteriormente ciertos elementos complementarios como las vitaminas B_1, B_6, por ejemplo, los oligoelementos (fósforo, magnesio) y practicar las sesiones de relajación y de visualización, para facilitar la concentración y el equilibrio psicológico.

El consejo de comportamiento es evitar los movimientos bruscos nerviosos y esforzarse por mantener un equilibrio psicológico.

El entrenamiento básico será más específico, pero se practicará también en resistencia de modo que se aumente la circulación sanguínea, sobre todo dirigido al sistema nervioso central y los órganos sensoriales.

La duración de la práctica deportiva

Esta duración influirá en la necesidad o la oportunidad de una ración percompetitiva.

Debemos decir enseguida que un aporte hídrico moderado no está jamás contraindicado. La duración de la prueba deportiva repercute indirectamente en la importancia de las raciones de espera y de recuperación que lindan con la prueba deportiva. La ración de espera es más importante que la prueba de larga duración, y se podrían tener dificultades para garantizar una ración percompetitiva. En cuanto a la ración de recuperación, tendrá más importancia cuanto más larga sea la prueba.

- **Las pruebas de corta duración:** son generalmente pruebas de potencia. No necesitan ninguna ración durante el esfuerzo físico; a veces, en cambio, son repetitivas y cabe indicar que una hidratación moderada sin aporte energético particular no puede perjudicar en ningún caso.

  Dieta de espera: un poco de agua azucarada en caso de estrés.
  Dieta de recuperación: esencialmente de la rehidratación.

- **Las pruebas de media duración:** son a menudo de resistencia: En el sentido estricto, no necesitan ración energética percompetitiva. Sin embargo, la oportunidad de pausas (entre dos juegos de tenis o medio tiempo) puede permitir un aporte hídrico glucosado, e incluso de pequeñas cantidades de comida tipo plátano u otro. Además es preciso indicar que si algunas pruebas se calibran en el tiempo, por ejemplo medio tiempo de fútbol, otras pueden prolongarse, por ejemplo el quinto set sin juego decisivo en el tenis, y adquirir un aspecto de resistencia sostenida.

  Dieta de espera: un poco de agua azucarada en caso de estrés.
  Dieta de recuperación: esencialmente de la rehidratación.

- **Las pruebas de larga duración:** pueden, como hemos visto, derivar en una prueba de media duración, pero las que así se prevén son normalmente de resistencia sostenida. Necesitan imperativamente una alimentación hídrica y energética durante la competición y el problema es crear las oportunidades de alimentación a menudo sobre la marcha, sin interrumpir la actividad física en curso.

  Ración de espera: será completa y estará justificada por el estrés y un deseo de economizar el glucógeno hepático.
  Ración de recuperación: tendrá también tres papeles, rehidratación, desintoxicación y aporte energético.

El entorno

El entorno puede estar en función ya sea del calendario de la temporada deportiva, ya sea del carácter específico del deporte determinado. A menudo, estos condicionamientos serán las variaciones climáticas referentes a la temperatura. En todos los casos, el sentido común aconseja una ropa adecuada, permanecer a la sombra o, por el contrario, al sol cuando sea posible.

En caso de bajas temperaturas, no es necesario aumentar la ración de lípidos en la ración de entrenamiento, sino sólo algunos días antes de la competición. Durante la competición, si fuera posible, se tomará pasta de almendras u oleaginosas.

En caso de temperaturas cálidas o de prueba en altitud, es preciso hidratarse bien adaptándose a las circunstancias y sin esperar a tener sed, con el fin de compensar las pérdidas de agua y sal más importantes. Para las pruebas de baja luminosidad, el aporte en provitaminas A —zanahoria, arándanos— es importante.

CONDICIONES EXTERIORES: GASTO Y COMPENSACIÓN		
Condiciones	Gastos	Compensación
Aumento de la temperatura o de la altitud	1 l de sudor = 600 cal	Ropa adecuada Ración hídrica doble Sal
Disminución de la temperatura Humedad	+ 15-20 % de gastos	Ropa adecuada Lípidos antes Pasta de almendras

La organización temporal de la actividad deportiva

Esta organización no repercutirá en la existencia, sino en la fisonomía de las comidas pre y poscompetitivas.

Las primeras, según el horario de la competición. Las segundas, en función del carácter repetitivo o no de la competición durante el día o durante varios días, consecutivos o no.

El horario de la competición

Este horario repercutirá en la fisionomía de la última y la penúltima comida, que deberán hacerse, respectivamente, tres y ocho horas antes de la competición y que están destinadas a aportar una ración ligera y variada que además recargue los niveles de glucógeno.

Comidas precompetitivas

Competición por la mañana (entre las diez y las once)

Cena (la víspera): recarga glucogénica.
Desayuno: temprano, minicomida a la inglesa.

Competición por la tarde (a las tres)

Desayuno: abundante, hiperglucídico, continental.
Almuerzo: más temprano, ligero, polivalente.

Competición al final de la tarde (a las seis)

Almuerzo: rico en azúcares lentos.

Merienda: más temprana, polivalente; minicomida.

Competición nocturna (a las nueve)

Almuerzo: glucídico tardío.
Merienda cena: en torno a las seis (comida precompetitiva).

Si existe una segunda competición el mismo día (por la tarde)

Más de tres horas de diferencia: comida precompetitiva con una ración de espera.
Menos de tres horas de diferencia: ración líquida y sólida de tipo percompetitiva.

El carácter repetitivo de la competición

La primera comida poscompetitiva (cena) será hiperglucídica lenta, pobre en lípidos o en prótidos. Si no existe ninguna otra competición en menos de tres días, habrá que retomar de manera progresiva la dieta de entrenamiento.

Si existe una competición al día siguiente, se deberá aumentar un poco la cantidad de prótidos (vegetales más pescado).

Tercera parte
Fichas tecnicodietéticas de cada deporte

Presentación de las fichas

Todo cuanto se ha explicado en los capítulos precedentes debe aplicarse de manera más específica a cada deporte. En esta tercera parte pueden consultarse cuarenta fichas dedicadas a los deportes que se practican con más frecuencia. Cada ficha se divide en tres apartados: el primero, «Equipamiento y condiciones físicas», permite escoger una actividad deportiva, mientras que los dos restantes, «Práctica deportiva» y «Organización del tiempo», dan las indicaciones necesarias en lo que se refiere a la dieta y la práctica.

Es preciso indicar que la palabra *competición* debe tomarse en el sentido más amplio de la palabra, como *sesión deportiva*.

Con el fin de ofrecer una lectura y una puesta en práctica inmediatas de estas fichas, hemos conservado el estilo sintético y el vocabulario de los entrenadores. Es el estilo que se encuentra en los manuales clásicos del deporte. De ese modo, los consejos y sugerencias, podrán ser muy pronto operativos. Para el que esté menos acostumbrado al estilo del mundo deportivo, proponemos a continuación el detalle del contenido de cada parte.

CONDICIONES FÍSICAS
Actividad deportiva: plantea el tipo de actividad correspondiente, sus características, sus beneficios, las cualidades implicadas.
Equipamiento: define el equipamiento apropiado; las cruces (+, + + o + + +) permiten evaluar su importancia.
Lugar: precisa el lugar de práctica o de actividad del deporte correspondiente.
Temporada: indica el periodo de actividad anual.

Esfuerzo: define el tipo de esfuerzo, las partes del cuerpo implicadas, la duración del esfuerzo.
Riesgos de accidentes: establece los riesgos anatómicos y fisiológicos expuestos (torceduras, accidentes cardiocirculatorios, etc.).
Contraindicaciones: establece las fragilidades o debilidades anatómicas y fisiológicas que requieren ciertas precauciones para la práctica del deporte de referencia.
Edad límite: sitúa el periodo de ejercicio medio así como la edad óptima.
Beneficios fisiológicos: define la aportación de la práctica deportiva emprendida (resistencia, resistencia sostenida, potencia, agilidad, etc.).
Condiciones de integración en deporte salud: define la práctica diaria, semanal, mensual, planteada desde el punto de vista de la salud.
Dietética: aporta los consejos y define las obligaciones alimenticias para cada actividad deportiva.

PRÁCTICA DEPORTIVA
Modo de ejercicio dominante: define el tipo de intensidad del esfuerzo físico (resistencia, resistencia sostenida, potencia, etc.) y permite adaptar u orientar el entrenamiento y la práctica.
Ración de entrenamiento: define el nivel calórico y la composición de la ración para el entrenamiento.
Higiene de vida: define las reglas básicas de la higiene de vida diaria.
Comportamiento: establece las modalidades «psicológicas» de la práctica deportiva.
Entrenamiento básico: define las opciones de entrenamiento (técnico, resistencia sostenida, potencia, etc.).
Raciones pericompetitivas: define las raciones alimenticias en torno a la secuencia deportiva (percompetitiva, de espera, de recuperación). Para más información, véanse las páginas 98 y siguientes.
Condiciones externas: orienta el tipo de ración en función de las condiciones climáticas.

ORGANIZACIÓN DEL TIEMPO
Horario preferente: define el horario de la actividad prevista (mañana, mediodía, tarde, noche, etc.) y permite adaptar el tipo de alimentación en función de este.
Calendario de pruebas y alimentación: prevé la alimentación poscompetitiva, el regreso a una alimentación de entrenamiento equilibrada o la preparación para la prueba siguiente.

CONCLUSIÓN
Recapitula los beneficios, los riesgos y las precauciones que deben tomarse en la actividad deportiva prevista.

Alpinismo

Equipamiento y condiciones físicas

Deporte
Practicado normalmente en grupo; tonificante (paseos), atlético (escalada); necesidad de habilidad, agilidad, flexibilidad, relajación, resistencia.

Equipamiento +++
Calzado, tacos, piolet, cuerdas.

Lugar
Montaña o lugar rocoso.

Temporadas
Todas, salvo en invierno o en caso de mal tiempo.

Esfuerzo
Sostenido, incluso importante; partes del cuerpo implicadas: todas; riesgos vitales: caídas graves; duración: de varias horas a varios días.

Riesgos de accidentes
- Anatómicos: torceduras, patología muscular y tendinosa.
- Fisiológicos: accidentes cardiovasculares.

Contraindicaciones
- Anatómicas: fragilidad vertebral, hiperlaxitud de los ligamentos.
- Fisiológicas: debilidad cardiaca ignorada, sobre todo a partir de los 35 años.

Edad límite
15 a 50 años según modalidad; edad óptima: de 20 a 30 años.

Beneficios fisiológicos
Resistencia; resistencia anaerobia y cardiovascular; potencia muscular; flexibilidad; equilibrio y reflejos.

Condiciones de integración en deporte salud
Algunas salidas más de paseo que de escalada, con acondicionamiento físico.

Dieta
Bastante estricta según la edad. No salga con el estómago muy lleno.

Práctica deportiva

Modo de ejercicio dominante
- Resistencia sostenida (paseo): pero también resistencia/potencia (escalada); BI muy importante: sentido del equilibro, reflejos.
- Esfuerzo físico practicado en resistencia sostenida/resistencia con BI importante.

Ración de entrenamiento
- Nivel calórico: 500 a 600 cal por hora; 3.500 cal al día.
- Composición: glúcidos lentos, 60 %; pocos lípidos; prótidos, 2 g por kilo y al día; no olvide el agua (2,5 l) y las fibras.
- Tres comidas con 65 % de glúcidos lentos si el paseo es largo; 20 g de prótidos antes de cada entrenamiento si la escalada se alarga.

Hábitos
Nada de tabaco ni alcohol; descanso, etc.

Comportamiento
Deporte de alto riesgo. No salir nunca solo.

Entrenamiento básico
Técnica, pero también de resistencia para el corazón, con puntas de resistencia para la reserva de energía.

Raciones pericompetitivas
- Ración percompetitiva: necesaria y posible; *in situ*: barras de alimentación concentrada, pequeñas cantidades de agua glucosada, etc. (necesidad de una comida consistente de dos a tres horas antes de la salida).
- Ración de espera: agua glucosada.
- Ración de recuperación: rehidratación energética.

Condiciones externas

- En caso de calor (sol): hidratación + sal.
- En caso de frío: aumente los lípidos los días precedentes (aceite, mantequilla) + dulce de almendras, oleaginosas en percompetición.

Organización del tiempo

Horario preferente

- Salida por la mañana:
— cena de la víspera: recargo glucogénico;
— desayuno temprano, a la inglesa.
- A veces por la tarde:
— desayuno copioso, hiperglucídico, continental;
— almuerzo: más precoz, ligero, polivalente.
- A veces prolongado en la noche:
— almuerzo rico en azúcares lentos;
— merienda más temprana, polivalente: minicomida.
- Si la salida durase todo el día, intente dividir su esfuerzo en dos partes:
— más de tres horas de diferencia: comida precompetitiva con una ración de espera;
— menos de tres horas de diferencia: ración líquida y sólida percompetitiva.

Calendario de pruebas y alimentación

La primera comida poscompetitiva será hiperglucídica lenta, pobre en lípidos y en prótidos.
- Si se trata de la última salida del día: regreso a una alimentación de entrenamiento armónico, glucídico o protídico.
- Si se trata de la última salida de la temporada: regreso a una alimentación sana equilibrada.
- Si se prevén otras salidas en los siguientes días: aumente los prótidos y los glúcidos lentos.

Conclusión

Actividad deportiva de alto riesgo; estimulación cardiocirculatoria; necesidad de forma física y psicológica impecables.

BÁDMINTON

Equipamiento y condiciones físicas

Deporte
Lúdico y táctico; en simple o en doble; flexibilidad, agilidad, descanso; más o menos atlético.

Equipamiento ++
Raqueta, volante, calzado.

Lugar
Ejercicio en sala.

Temporada
Todas.

Esfuerzo
Intenso, intermitente, toca todo el cuerpo; duración de la prueba en competición: 2 a 5 minutos por intercambio; repetitivo y media duración.

Riesgos de accidentes
- Anatómicos: torceduras, accidentes músculotendinosos.
- Fisiológicos: cardiacos a veces.

Contraindicaciones
Debilidad cardiaca; debilidad articulatoria: lumbalgias.

Edad límite
De 10 a 60 años; edad óptima: de 20 a 30 años.

Beneficios fisiológicos
Disminución de peso; refuerzo cardiaco; flexibilidad, musculatura, reflejos.

Condiciones de integración en deporte salud

1 a 2 partidos por semana; escoja a su compañero para los dobles.

Dieta

Alimentación sana más estricta si existe desarreglo metabólico; comida más ligera tres horas antes del partido.

Práctica deportiva

Modo de ejercicio dominante

- Resistencia láctica, pero también: potencia; BI: reflejos, equilibrio, «visión».
- Resistencia no ajustada con la duración a veces prolongada.

Ración de entrenamiento

- Nivel calórico elevado: 700 a 800 cal por hora; 3.500 cal al día, progresivamente.
- Composición equilibrada: 60 % de glúcidos lentos; 2 g por kilo y al día de proteínas con eventualmente una ración protídica antes de los entrenamientos (40 g una hora y media antes); poca o ninguna grasa animal para la salud y el peso.

Hábitos

Estrictos (BI): sin tabaco ni alcohol, ni excitantes; dormir las horas necesarias, etc.

Comportamiento

No dejarse llevar por el juego.

Entrenamiento básico

Específico del juego y resistencia sostenida para el corazón, recuperación si el partido se prolonga.

Raciones pericompetitivas

- Duración media más o menos prolongada.
- Ración percompetitiva no obligatoria y no siempre posible.
- Rehidratación y aporte glucídico más o menos sólido *in situ*.
- Importancia de la comida precompetitiva, sobre todo si el partido se prolonga.

- Ración de espera: agua + glucosa ligera.
- Ración de recuperación: rehidratación más o menos energética.

Condiciones externas

Climáticas: poco sensibles en sala.
Fresco: cúbrase para el calentamiento;
- Calor: descúbrase progresivamente; plan hidratación: agua + sal.
- Buena visión del volante: fuente de vitamina A (zanahorias, arándanos, mantequilla), sobre todo si se juega con luz artificial (nocturna).

Organización del tiempo

Horario preferente

- Normalmente al final de la mañana, hacia las once:
— cena de la víspera: recarga de glúcidos lentos;
— desayuno más temprano, polivalente, a la inglesa: proteínas + glúcidos semilentos.
- Final de la tarde:
— desayuno rico en glúcidos lentos (pasta, arroz, etc.);
— merienda temprana, polivalente (pequeños bocadillos variados).
- Otros horarios y posibilidades: véase la tabla de comidas precompetitivas (pág. 103).

Calendario de pruebas y alimentación

- La primera comida (a menudo una cena) poscompetitiva: hiperglucídico lento, pobre en lípidos y en prótidos.
- Si no se producen más partidos (final del torneo): regreso progresivo a la alimentación sana o a la ración de entrenamiento, según el tipo de ejercicio.
- Si se prevé alguna prueba en los días siguientes: recarga de proteínas más rápida (féculas, pescados).

Conclusión

Actividad deportiva completa, fácilmente programable, pero requerimiento cardiovascular intenso; evitar los excesos.

BALONCESTO

Equipamiento y condiciones físicas

Deporte

Lúdico, de equipo: habilidad, flexibilidad, resistencia sostenida, relajación.

Equipamiento +

Zapatillas, pantalones cortos y camiseta.

Lugar

Ejercicio en el interior.

Temporada

Todas.

Esfuerzo

Importante, intermitente; partes del cuerpo implicadas: todas; duración: dos veces cada 20 minutos.

Riesgos de accidentes

- Anatómicos: torceduras de los tobillos, luxaciones de hombros.
- Fisiológicas: cardiacos.

Contraindicaciones

- Anatómicos: articulatorias (hombros, rodillas); vertebrales (lumbares).
- Fisiológicos: debilidad cardiaca.

Edad límite

De 15 a 45 años; edad óptima: de 20 a 30 años.

Beneficios fisiológicos

Estimulación cardiovascular; resistencia sostenida, musculación, equilibrio y reflejos.

Condiciones de integración en deporte salud

Algunos partidos al mes escogiendo a su propio equipo y controlando sus propios esfuerzos.

Dieta

Alimentación sana más o menos estricta según la edad; comidas ligeras antes de las sesiones de entrenamiento o los partidos.

Práctica deportiva

Modo de ejercicio dominante

- Resistencia láctica, pero también: potencia y resistencia sostenida; BI: equilibrio, reflejos, «visión».
- Resistencia láctica no ajustada en media duración.

Ración de entrenamiento

- Nivel calórico bastante alto: 400 a 600 cal por hora; 3.000 cal al día.
- Composición equilibrada: 55 % de glúcidos lentos y 2 g de prótidos por kilo y al día, pocos o ausencia de lípidos; 20 g de proteínas antes del entrenamiento o algunas cenas hiperglucídicas antes de los partidos.

Hábitos

Para la buena coordinación y armonía del sistema nervioso: cuidado con el café, el tabaco y el alcohol. Conviene dedicar bastante tiempo a la relajación y al sueño.

Comportamiento

No dejarse superar por la «victoria» del equipo.

Entrenamiento básico

Específico para el deporte, resistencia y aguante para el corazón y recuperación entre las resistencias.

Raciones pericompetitivas

- Ración percompetitiva: no especialmente necesaria. Posible entre las dos fases del partido: barras energéticas o «al vuelo» durante la detención del juego, por ejemplo: agua + glucosa.
- Importancia de una cena precompetitiva completa tres horas antes del partido.

- Ración de espera: ligera hidratación glucosada durante el calentamiento.
- Ración de recuperación: rehidratación energética (glucosa).

Condiciones externas

- Climáticas: poco sensibles en el interior.
- Pabellón frío o fresco: cúbrase durante el calentamiento; un poco más de grasa los días precedentes.
- Pabellón cálido o calor: descúbrase progresivamente; plan de hidratación, un poco de sal.
- Una buena visión es necesaria, sobre todo con luz artificial: fuente de vitamina A (zanahorias, arándanos, mantequilla fresca, etc.).

Organización del tiempo

Horario preferente

- Por la tarde, el domingo (a las tres):
— desayuno hiperglucídico, copioso, continental;
— almuerzo más temprano, ligero, polivalente.
- Nocturno, durante la semana (a las nueve):
— almuerzo glucídico importante (pasta, arroz, etc.);
— merienda cena variada (hacia las seis).
- En los demás casos: véase la tabla de comidas precompetitivas (página 103).

Calendario de pruebas y alimentación

- En todos los casos, la primera comida poscompetitiva (cena normalmente) será hiperglucídica lenta, pobre en lípidos y en prótidos.
- Si es el último partido de la temporada o del torneo: regreso en tres días a una alimentación sana o a una ración de entrenamiento según los casos.
- Si se prevén más pruebas en los días siguientes: recarga de prótidos más rápida: prótidos «fríos» (vegetales y marinos).

Conclusión

Deporte en boga, garantiza la resistencia sostenida, musculación, flexibilidad, equilibrio. Estimulación cardiovascular importante, por lo tanto cuidado con no forzar demasiado para evitar los accidentes mecánicos repetitivos o cardiacos.

BALONMANO

Equipamiento y condiciones físicas

Deporte
Lúdico, colectivo; tonificante y atlético; necesita táctica, habilidad, flexibilidad y relajación.

Equipamiento +
Zapatillas.

Lugar
Terreno de juegos y sala.

Temporada
Primavera, otoño, invierno.

Esfuerzo
Alto; intermitente; partes del cuerpo implicadas: miembros superiores e inferiores; duración: dos veces cada 30 minutos.

Riesgos de accidentes
Torceduras, luxaciones, rotura de ligamentos.

Contraindicaciones
- Anatómicas: articulatorias (patología de la espalda); vertebrales (patologías vertebrales y cervicales).
- Fisiológicas: cardiacas (debilidad cardiaca).

Edad límite
De 11 a 50 años; edad óptima: de 20 a 25 años.

Beneficios fisiológicos
Cardiovasculares; potencia muscular; equilibrio y reflejos; pérdida de grasa y resistencia sostenida aerobia.

Condiciones de integración en deporte salud
Algunos partidos al mes y acondicionamiento físico.

Dieta
Alimentación sana más o menos estricta según la edad. La última comida debe ser ligera y ha de hacerse tres horas y media antes de la sesión.

Práctica deportiva

Modo de ejercicio dominante
• Resistencia láctica para los desplazamientos, pero también potencia para los disparos; BI: equilibrio, reflejos, «visión» de la portería. (Esfuerzo en resistencia láctica no regulada).

Ración de entrenamiento
• Nivel calórico: 400 a 500 cal por hora; 3.000 a 3.500 cal al día.

• Composición: glúcidos lentos, 60 %; pocos o sin lípidos antes de comenzar el ejercicio; prótidos, 2 g por kilo y día; no olvide el agua (2,5 l) y las fibras.

• Algunas comidas a 65 % de glúcidos lentos o 20 g de proteínas antes de los entrenamientos según la posición en el equipo.

Hábitos
Responsables: sin tabaco ni alcohol, dedicando el tiempo necesario al descanso y la relajación.

Comportamiento
No dejarse llevar por la necesidad de la «victoria», ni por el equipo.

Entrenamiento básico
Específico en el deporte, pero también en resistencia sostenida y resistencia para el cardiorrespiratorio.

Raciones pericompetitivas
• Ración percompetitiva: posible pero no obligatoria; rehidratación glucosada con barras energéticas.
• Ración de espera: hidratación ligera + glucosa si existe estrés.
• Ración de recuperación: rehidratación + aporte energético.

Condiciones externas

- Distintas en el exterior o en el interior.
- En caso de calor: aumente la ración hídrica y sale ligeramente.
- En caso de frío: aumente el consumo de lípidos antes y durante el partido.
- Importancia de la vitamina A si la luz es artificial.

Organización del tiempo

Horario preferente

- Raramente por la mañana:
— cena de la víspera: recarga glucogénica;
— desayuno temprano, a la inglesa.
- Normalmente por la tarde (domingo):
— desayuno abundante, hiperglucídico, continental;
— almuerzo más temprano, ligero, polivalente.
- Al final de la tarde:
— almuerzo rico en azúcares lentos;
— merienda más temprana, polivalente: minicomida.
- Si la competición es por la noche:
— almuerzo glucídico tardío;
— merienda-cena en torno a las seis: cena precompetitiva.

Calendario de pruebas y alimentación

- La primera comida poscompetitiva será hiperglucídica lenta, pobre en lípidos y en prótidos.
- Si se trata de la última prueba del torneo: regreso a una alimentación de entrenamiento armoniosa, glucídica o protídica.
- De la temporada: regreso a una alimentación sana equilibrada.
- Si se prevén otras pruebas en los días siguientes: recuperación más importante y más rápida de los prótidos (pescados, féculas).

Conclusión

Deporte tonificante y lúdico con requerimientos cardiovasculares; es preciso escoger al equipo según la capacidad del propio esfuerzo.

BALONVOLEA

Equipamiento y condiciones físicas

Deporte
Colectivo, lúdico, practicado en equipo; tonificante, incluso atlético; necesita sentido táctico, habilidad, flexibilidad, relajación.

Equipamiento +
Zapatillas, rodilleras.

Lugar
Sala o exterior, diferentes ropas, arena.

Temporada
Todas.

Esfuerzo
Es muy importante durante el juego, pero debe hacerse de manera intermitente.
Partes del cuerpo implicadas: miembros superiores e inferiores.
Duración: entre una hora y una hora y media.

Riesgos de accidentes
Torceduras de los miembros inferiores, luxación de los miembros superiores, fracturas de los dedos.

Contraindicaciones
Tendones e inserciones frágiles.

Edad límite
De los 12 a los 70 años; edad óptima: de 25 a 30 años.

Beneficios fisiológicos
Equilibro y reflejos; potencia muscular y flexibilidad; beneficio cardiovascular y resistencia aerobia.

Condiciones de integración en deporte salud

Algunas sesiones por mes, escogiendo bien al equipo con un acondicionamiento físico.

Dieta

Alimentación sana más o menos estricta según la edad. La última comida debe ser ligera y conviene hacerla dos o tres horas antes del partido.

Práctica deportiva

Modo de ejercicio dominante

- Potencia para el remate, pero también resistencia para los desplazamientos; BI importante; equilibrio, reflejos, visión del balón.
- Esfuerzo en resistencia láctica no regulada y potencia repetitiva.

Ración de entrenamiento

- Nivel calórico: 400 a 600 cal por hora; 3.500 a 4.000 cal al día.
- Composición: glúcidos lentos, 60-65 %; sin lípidos; prótidos, 2 g por kilo y día; no olvide el agua (2,5 l al día) y las fibras.
- Eventualmente 65 % de glúcidos lentos en la cena o 20 g de proteínas una hora y media antes de los entrenamientos.

Hábitos

Responsables: sin tabaco ni alcohol, dedicando el tiempo necesario al descanso y la relajación.

Comportamiento

No ir más allá de las propias posibilidades físicas.

Entrenamiento básico

Técnica más resistencia suave; recuperación.

Raciones pericompetitivas

- Ración percompetitiva: poco necesaria, posible entre los distintos juegos del partido. Líquido + glucosa o barras concentradas.
- Importancia de la comida precompetitiva tres horas antes.
- Ración de espera: hidratación glucosada si existe estrés.
- Ración de recuperación: rehidratación energética.

Condiciones externas

(Sobre todo en la playa).
• En caso de calor: aumente la hidratación y añada un poco de sal.
• En caso de frío: aumente ligeramente los lípidos; dulce de almendras y oleaginosos.

Organización del tiempo

Horario preferente

• Por la mañana, a las diez:
— cena de la víspera: recarga glucogénica;
— desayuno temprano, a la inglesa.
• Por la tarde, preferentemente:
— desayuno abundante, hiperglucídico, continental;
— almuerzo más temprano, ligero, polivalente.
• Al final de la tarde:
— almuerzo rico en azúcares lentos;
— merienda más temprana, polivalente: minicomida.
• Si se realizan dos sesiones en un mismo día (eliminatorias):
— más de tres horas de diferencia: comida precompetitiva más eventualmente ración de espera;
— menos de tres horas de diferencia: ración líquida y sólida percompetitiva.

Calendario de pruebas y alimentación

• La primera comida poscompetitiva será hiperglucídica lenta, pobre en lípidos y en prótidos.
• Si se trata del último partido del torneo: regreso a una alimentación de entrenamiento armoniosa, glucídica o protídica.
• Si se trata del último partido de la temporada: regreso a una alimentación sana equilibrada.
• Si se prevén otras pruebas en los días siguientes: aumente los glúcidos lentos y los prótidos (pescados, féculas).

Conclusión

Actividad física de nivel variable; mantenimiento de la sensibilidad de los captores sensibles; a adaptar en función de la edad.

BODY BUILDING Y MUSCULACIÓN

Equipamiento y condiciones físicas

Deporte
Practicado normalmente a nivel individual, ya sea en vista a un deporte particular (musculación), ya sea para el músculo propiamente dicho *(body building)*; necesita potencia muscular y regularidad de entrenamiento.

Equipamiento +++
Si se compra el material.

Lugar
En el gimnasio o club.

Temporada
Todas.

Esfuerzo
Importante; repetitivo; partes del cuerpo implicadas: todas; duración: 45 minutos a 1 hora.

Riesgos de accidentes
- Anatómicos: patología articulatoria, muscular y tendinosa.
- Fisiológicos: contracturas, desgarros.

Contraindicaciones
Anatómicas: patología articulatoria y posible fragilidad de la columna vertebral.

Edad límite
15 a 60 años; edad óptima: 20 a 35 años.

Beneficios fisiológicos
Potencia muscular; pérdida de grasa; flexibilidad.

Condiciones de integración en deporte salud

Algunas sesiones de musculación ligera por semana más acondicionamiento físico.

Dieta

Alimentación sana más o menos estricta según la edad, rica en proteínas.

Práctica deportiva

Modo de ejercicio dominante

- Potencia muscular instantánea casi exclusivamente; BI: para la impulsión y el equilibrio del peso.

Ración de entrenamiento

- Nivel calórico: 400 a 500 cal por hora; 3.500 cal al día.
- Composición: glúcidos lentos, 55-60 %; prótidos, de 2,5 a 3 g por kilo y al día; lípidos en cantidad moderada; no olvide el agua (2,5 l al día) y las fibras.
- 30 a 40 g de proteínas una hora y media antes del entrenamiento; eventualmente régimen hiperprotídico cíclico, con secado muscular según los casos; aumente el agua: 3 l al día.

Hábitos

Regulados por la BI: sin tabaco ni alcohol, respetando las horas necesarias de sueño, etc.

Comportamiento

No intentar sobrepasar la capacidad de carga y no realizar excesos proteínicos.

Entrenamiento básico

Musculación, pero también resistencia sostenida para el estado general y el corazón.

Raciones pericompetitivas

- Ración percompetitiva no necesaria e imposible; posibilidad de hidratación o de comida energética entre dos esfuerzos.
- Ración de espera y ración de recuperación: hidratación con un poco de glucosa.

Condiciones externas

En el interior: poca repercusión climática; aumente la hidratación en caso de calor; en caso de frío, aumente un poco la ración lipídica de entrenamiento.

Organización del tiempo

Horario preferente

- Por la mañana, a las diez:
— cena de la víspera anterior: recarga glucogénica;
— desayuno temprano; minicomida a la inglesa.
- Por la tarde, a las tres:
— desayuno abundante, hiperglucídico, continental;
— almuerzo: más temprano, ligero, polivalente.
- Por la tarde, a las seis:
— almuerzo rico en azúcares lentos;
— merienda más temprana, polivalente: minicomida.
- Si dos sesiones en el mismo día (en caso por ejemplo de eliminaciones):
— más de tres horas de diferencia: comida precompetitiva y eventualmente ración de espera;
— menos de tres horas de diferencia: ración líquida y sólida percompetitiva.

Calendario de pruebas y alimentación

- La primera comida poscompetitiva será hiperglucídica lenta, pobre en lípidos y en prótidos.
- Si se trata de la última prueba del campeonato: regreso a una alimentación de entrenamiento armonioso, glucídico o protídico.
- Si se trata de la última prueba de la temporada: regreso a una alimentación sana y equilibrada.
- Si existen otras pruebas en los días siguientes: recuperación más importante y más rápida de proteínas (pescado, féculas).

Conclusión

Actividad atlética que desarrolla y mantiene la fuerza; puede evolucionar hacia una musculación.

BOLOS

Equipamiento y condiciones físicas

Deporte
Lúdico; practicado individualmente o en el seno de un equipo; tonificante, a veces atlética; requiere habilidad, agilidad, relajación, potencia.

Equipamiento +
Zapatillas.

Lugar
Sala o pista acondicionadas.

Temporada
Todas.

Esfuerzo
Medio; intermitente; partes del cuerpo implicadas: todas; duración: 1 hora aproximadamente.

Riesgos de accidentes
- Anatómicos: torceduras de los dedos.
- Fisiológicos: accidentes musculares y tendinosos, desplazamientos vertebrales.

Contraindicaciones
- Articulatorios: debilidad, laxitud de las articulaciones y miembros inferiores.
- Vertebrales: patología vertebral lumbar.

Edad límite
De 15 a 70 años; edad óptima: de 20 a 40 años.

Beneficios fisiológicos
Potencia muscular; flexibilidad; equilibrio y reflejos.

Condiciones de integración en deporte salud
Algunos partidos al mes con acondicionamiento físico.

Dieta
Alimentación sana más o menos estricta; comida ligera dos a tres horas antes del partido.

Práctica deportiva

Modo de ejercicio dominante
- Fuerza y velocidad instantánea: pero también resistencia sostenida para toda la duración del partido; BI importante; equilibrio del cuerpo, reflejos, puntería de la bola.
- Esfuerzo practicado en potencia regulada con BI importante.

Ración de entrenamiento
- Nivel calórico: 250 a 300 cal por hora; 3.000 a 3.500 cal al fía.
- Composición armoniosa: glúcidos lentos, 60 %; pocos o sin lípidos; prótidos, 2 g por kilo y al día; no olvide las fibras; 2,5 l de agua al día.
- Para la puntería y el equilibrio psicológico; vitaminas B, fósforo, magnesio.

Hábitos
Responsables: sin tabaco ni alcohol, dedicando el tiempo necesario al descanso y la relajación.

Comportamiento
Conserve la calma y su concentración durante el partido.

Entrenamiento básico
Técnica, más resistencia sostenida para el corazón y la respiración.

Raciones pericompetitivas
- Ración percompetitiva no necesaria, posible entre las diferentes fases del juego; líquido o sólido.
- Ración de espera y ración de recuperación: rehidratación más o menos energética.

Condiciones externas
- Poca repercusión en el interior:

Bolos

Equipamiento y condiciones físicas

Deporte

Lúdico; practicado individualmente o en el seno de un equipo; tonificante, a veces atlética; requiere habilidad, agilidad, relajación, potencia.

Equipamiento +

Zapatillas.

Lugar

Sala o pista acondicionadas.

Temporada

Todas.

Esfuerzo

Medio; intermitente; partes del cuerpo implicadas: todas; duración: 1 hora aproximadamente.

Riesgos de accidentes

- Anatómicos: torceduras de los dedos.
- Fisiológicos: accidentes musculares y tendinosos, desplazamientos vertebrales.

Contraindicaciones

- Articulatorios: debilidad, laxitud de las articulaciones y miembros inferiores.
- Vertebrales: patología vertebral lumbar.

Edad límite

De 15 a 70 años; edad óptima: de 20 a 40 años.

Beneficios fisiológicos

Potencia muscular; flexibilidad; equilibrio y reflejos.

Condiciones de integración en deporte salud
Algunos partidos al mes con acondicionamiento físico.

Dieta
Alimentación sana más o menos estricta; comida ligera dos a tres horas antes del partido.

Práctica deportiva

Modo de ejercicio dominante
- Fuerza y velocidad instantánea: pero también resistencia sostenida para toda la duración del partido; BI importante; equilibrio del cuerpo, reflejos, puntería de la bola.
- Esfuerzo practicado en potencia regulada con BI importante.

Ración de entrenamiento
- Nivel calórico: 250 a 300 cal por hora; 3.000 a 3.500 cal al fía.
- Composición armoniosa: glúcidos lentos, 60 %; pocos o sin lípidos; prótidos, 2 g por kilo y al día; no olvide las fibras; 2,5 l de agua al día.
- Para la puntería y el equilibrio psicológico; vitaminas B, fósforo, magnesio.

Hábitos
Responsables: sin tabaco ni alcohol, dedicando el tiempo necesario al descanso y la relajación.

Comportamiento
Conserve la calma y su concentración durante el partido.

Entrenamiento básico
Técnica, más resistencia sostenida para el corazón y la respiración.

Raciones pericompetitivas
- Ración percompetitiva no necesaria, posible entre las diferentes fases del juego; líquido o sólido.
- Ración de espera y ración de recuperación: rehidratación más o menos energética.

Condiciones externas
- Poca repercusión en el interior:

— en caso de calor: más a menudo;
— en caso de frío: coma dulce de almendras, oleaginosas.
• No olvide tomar la vitamina A en caso de jugar a menudo en pistas con iluminación artificial.

Organización del tiempo

Horario preferente

• A veces por la mañana:
— cena de la víspera anterior: recarga glucogénica;
— desayuno temprano, a la inglesa.
• Por la tarde (los días festivos):
— desayuno abundante, hiperglucídico, continental;
— almuerzo más temprano, ligero, polivalente.
• Por la tarde, entre semana:
— desayuno rico en azúcares lentos;
— merienda más temprana, polivalente: minicomida.
• Por la noche, en caso de competición:
— almuerzo glucídico tardío;
— merienda cena en torno a las seis: cena precompetitiva.
• A veces se juegan dos partidos durante el día:
— más de tres horas de diferencia: comida precompetitiva con eventualmente una ración de espera;
— menos de tres horas de diferencia: ración líquida y sólida percompetitiva.

Calendario de pruebas y alimentación

• La primera comida poscompetitiva será hiperglucídica, lenta, pobre en lípidos y en prótidos.
• Si se trata del último partido del torneo: vuelta a la alimentación de entrenamiento armoniosa, glucídica o protídica.
• Si se trata del último encuentro de la temporada: regreso a una alimentación sana.
• Se existen más pruebas en los días siguientes: aumente un poco los glúcidos lentos y los prótidos.

Conclusión

Deporte de habilidad lúdica y tonificante, que puede practicarse hasta una edad avanzada.

Canoa y kayak

Equipamiento y condiciones físicas

Deporte

Individual o en equipo de dos; tonificante, rítmico.

Equipamiento +++

Equipo, jersey, embarcación, zaguales, casco.

Lugar

Mar o río.

Temporada

Primavera, verano, otoño.

Esfuerzo

Importante, continuo; partes del cuerpo implicadas: miembros superiores, tronco; duración: variable según las modalidades.

Riesgos de accidentes

Anatómicos: torceduras, traumatismos.

Contraindicaciones

- Anatómicos: lumbalgia.
- Fisiológicos: debilidad cardiaca; fragilidad (frío, humedad).

Edad límite

De 10 a 70 años; edad óptima: de 20 a 35 años.

Beneficios fisiológicos

Cardiovasculares, resistencia sostenida, pérdida de grasa, equilibrio y reflejos, musculación.

Condiciones de integración en deporte salud

Práctica en aguas calmas, resistencia sostenida.

Dieta

Alimentación sana más o menos estricta. La última comida debe ser ligera y debe hacerse tres horas antes de la salida.

Práctica deportiva

Modo de ejercicio dominante

- Resistencia sostenida; pero también: resistencia y potencia; BI: equilibrio y reflejos.
- Resistencia sostenida con componente mecánico.

Ración de entrenamiento

- Nivel calórico: 400 cal por hora; 3.500 a 4.000 cal al día; progresivamente, si aumento de peso.
- Composición: glúcidos lentos, 60 %; prótidos, 2 g por kilo. Estas proporciones y cantidades deben administrarse cada día.
- Eventualmente + tres cenas al 65 % de glúcidos lentos o 20 g de proteínas por entrenamiento antes de la prueba; aumente los lípidos si hace frío y humedad.

Hábitos

Dado el riesgo vital, nada de tabaco ni alcohol. Hay que respetar las horas de sueño y tomar vitamina B y fósforo.

Comportamiento

Tener en cuenta el riesgo del entorno y las propias posibilidades.

Entrenamiento básico

En resistencia para el corazón: en resistencia y potencia para las condiciones difíciles.

Raciones pericompetitivas

- 5 a 10 minutos en resistencia hasta varias horas en resistencia sostenida.

Alimentación pericompetitiva imposible incluso si existe la necesidad de ello debido a la larga duración de la prueba: por lo tanto importancia de la comida precompetitiva tres horas antes.
- Ración de espera completa: agua + glucosa, añada eventualmente sal.
- Ración de recuperación: rehidratación, aporte energético, desintoxicación.

Condiciones externas

(Sobre todo si la prueba es larga).
- Ropa adecuada.
- Final de temporada (frío más o menos húmedo): aumente en los días precedentes el aceite de aliño, la mantequilla fresca. Justo antes de la competición: dulce de almendras, oleaginosas.
- Durante la temporada cálida:
- Ración de espera importante: líquido + sal.
- Ración de recuperación: aspecto de rehidratación + sales minerales.

Organización del tiempo

Horario preferente

- Si por la mañana:
— cena de la víspera: recarga glucogénica;
— desayuno temprano, a la inglesa.
- Si por la tarde:
— desayuno abundante, hiperglucídica, continental;
— almuerzo más temprano, ligero, polivalente.
- Más raramente por la tarde (verano):
— almuerzo rico en azúcares lentos;
— merienda más temprana polivalente: minicomida.

Calendario de pruebas y alimentación

- La primera comida poscompetitiva será hiperglucídica lenta, pobre en lípidos y en prótidos.
- Si se trata de la última prueba: regreso progresivo en tres días a la ración de entrenamiento o alimentación sana si es el final de la temporada.
- Si se prevén otras pruebas en los días siguientes: más prótidos (leguminosas, pescados).

Conclusión

Actividad excelente, más deportiva el kayak que la canoa, que puede ser practicado hasta una edad muy avanzada, siguiendo siempre su propio ritmo.

Cicloturismo

Equipamiento y condiciones físicas

Deporte
Individual o en grupo; de recreo o atlético según las modalidades; sano y tonificante.

Equipamiento +++
Bicicleta, casco, *culotte*, zapatillas, bolsa de mantenimiento, bolsa de socorro.

Lugar
Pista, caminos, carretera, todo terreno.

Temporada
Primavera, verano, otoño.

Esfuerzo
Medio; continuo; trabajo de piernas; riesgo de caídas; duración de la prueba: de dos a seis horas.

Riesgos de accidentes
- Anatómicos: caídas, fracturas, traumatismos, lesión del periné (sillín poco adaptado).
- Fisiológicos: patología cardiovascular.

Contraindicaciones
- Anatómicas:
  — articulatorias: patología de las rodillas, de las caderas;
  — vertebrales: patologías vertebrales(vibraciones).
- Fisiológicas: cardiacas (debilidad cardiaca ignorada).
- Varias: hipoglucemia, deshidratación.

Edad límite
De 10 a 80 años; edad óptima: de 15 a 40 años.

Beneficios fisiológicos

Resistencia aerobia, cardiovascular, pérdida de grasa, equilibrio y reflejos, potencia muscular, agilidad.

Condiciones de integración en deporte salud

Cicloturismo en grupo o BTT, mejor en resistencia sostenida.

Dieta

Alimentación sana regulada en función de la edad.

Práctica deportiva

Modo de ejercicio dominante

Ante todo resistencia sostenida (cicloturismo); pero también: resistencia y potencia (BTT); BI: sentido del equilibrio.

Ración de entrenamiento

- Nivel calórico medio: 350 a 450 cal por hora; 3.000 a 3.500 cal al día; con 60-65 % de glúcidos lentos, 2 g por kilo y al día de prótidos; grasas si la temperatura es fría y la prueba es de larga duración.
- De media: tres cenas de 65 % de glúcidos lentos o 20 g de prótidos por entrenamiento.
- Ración de agua aumentada: 3 l al día.

Hábitos

Responsables: sin tabaco ni alcohol, dedicando el tiempo necesario al descanso y la relajación.

Comportamiento

No forzar, sobre todo si se va en grupo.

Entrenamiento básico

- Debe reañozarse em resistencia sostenida, pero también en cuesta y un poco de *sprint*.

Raciones pericompetitivas

- Ración percompetitiva: necesaria en caso de prueba de larga duración.
- Ración líquida: agua + glucosa.

- Ración sólida: barras energéticas.
- Ración de espera: hidratación durante el calentamiento.
- Ración de recuperación: rehidratación, desintoxicación, aporte energético.

Condiciones externas

- En caso de frío, aumente las grasas antes de la prueba; dulce de almendras, u oleaginosas durante la prueba.
- En caso de que haga calor, duplique la ración hídrica y añada un poco de sal.

Organización del tiempo

Horario preferente

- Por la mañana, hacia las diez o las once:
— cena de la víspera: recarga glucogénica;
— desayuno temprano, a la inglesa.
- Por la tarde, hacia las tres:
— desayuno abundante: hiperglucídica, continental;
— almuerzo más temprano, ligero, polivalente.
- Por la tarde, hacia las seis:
— almuerzo rico en azúcares lentos;
— merienda más temprana, polivalente: minicomida.
- En los demás casos: véase la tabla de comidas precompetitivas (página 103).

Calendario de pruebas y alimentación

- La primera comida poscompetitiva será hiperglucídica lenta, pobre en lípidos y en prótidos.
- Si se trata de la última prueba: regreso progresivo en tres días a la ración de entrenamiento o alimentación sana si es el final de temporada deporte salud.
- Si existen pruebas en los días siguientes: más prótidos (leguminosas, pescados).

Conclusión

Deporte en boga, tanto como deporte salud como ejercicio más atlético; puede practicarse hasta una edad avanzada si se respetan las precaucione de uso.

DANZA (CLÁSICA Y CONTEMPORÁNEA)

Equipamiento y condiciones físicas

Deporte

Rítmico y tonificante, a veces atlético; necesita agilidad, flexibilidad, relajación.

Equipamiento ++

Zapatillas de danza (con o sin punta), medias, maillot.

Lugar

Sala.

Temporada

Todas.

Esfuerzo

Importante; intermitente; partes del cuerpo implicadas: todas; duración de la prueba: de 1 a 3 minutos a veces repetitivas.

Riesgos de accidentes

Anatómicos: torceduras, lumbalgias, y daños musculares y tendinosos.

Contraindicaciones

- Anatómicas:
— patologías articulares;
— patologías vertebrales.
- Fisiológicas: debilidad cardiaca ignorada.

Edad límite

De 5 a 75 años; edad óptima: de 15 a 40 años.

Beneficios fisiológicos

Cardiovasculares y flexibilidad, pérdida de grasa y resistencia sostenida, aerobia y potencia muscular, equilibrio y reflejos.

Condiciones de integración en deporte salud

Es necesario realizar 3 o 4 secuencias al mes acompañadas de acondicionamiento físico.

Dieta

Alimentación sana pobre en grasas. La última comida debe hacerse tres horas antes de la sesión.

Práctica deportiva

Modo de ejercicio dominante

Resistencia láctica, pero también en segunda intención: potencia y resistencia sostenida; BI: equilibrio y reflejos.

Ración de entrenamiento

- Nivel calórico: 600 a 700 cal por hora; 3.500 cal al día.
- Composición: glúcidos lentos, 60 %; 2 g por kilo y al día de prótidos; muy pocas o sin lípidos; 2,5 l de agua al día.
- De media tres cenas de 65 % de glúcidos lentos o 20 g de proteínas antes del entrenamiento, según el ejercicio.

Hábitos

Responsables: sin tabaco ni alcohol, dedicando el tiempo necesario al descanso y la relajación.

Comportamiento

Intente acercarse más a la resistencia sostenida que a la potencia, no fuerce su «talento».

Entrenamiento básico

En resistencia más que en potencia, pero también en resistencia sostenida para el corazón y la recuperación.

Raciones pericompetitivas

- Ración percompetitiva: no es necesaria y, además, raramente puede llegar a ingerirse.
- Importancia de la comida precompetitiva, de una ración de espera discreta.
- Ración de recuperación: rehidratación, aporte energético.

Condiciones externas

- Climáticas: poco sensibles en la sala.
- Iluminación: no olvide las fuentes de vitamina A.

Organización del tiempo

Horario preferente

- Por la mañana, hacia las diez o las once:
  — cena de la víspera: recarga glucogénica;
  — desayuno temprano, a la inglesa.
- Por la tarde, a las tres:
  — desayuno abundante, hiperglucídico, continental;
  — almuerzo más temprano, ligero, polivalente.
- Por la tarde, hacia las seis:
  — almuerzo rico en azúcares lentos;
  — merienda más temprana, polivalente; minicomida.
- Por la noche, a las nueve:
  — almuerzo glucídico tardío;
  — merienda cena en torno a las seis: es preciso hacer una comida precompetitiva.
- Si se celebran dos pruebas en el mismo día:
  — más de tres horas de diferencia: comida precompetitiva + ración de espera;
  — menos de tres horas de diferencia: minicomida de tipo alimentación líquida y sólida percompetitiva.
- Si no, véase la tabla de comidas precompetitivas (pág. 103).

Calendario de pruebas y alimentación

- La primera comida poscompetitiva: hiperglucídica lenta, pobre en lípidos y prótidos.
- Si se trata de la última secuencia de una serie: regreso progresivo en tres días a la ración de entrenamiento o alimentación sana si es el final de la temporada deporte salud.
- Si se prevé otra secuencia en los días siguientes; más prótidos (leguminosas, pescados).

Conclusión

Actividad física quizá más específicamente femenina, completa y adaptable a la persona.

EQUITACIÓN

Equipamiento y condiciones físicas

Deporte
Individual o en el seno de un equipo; necesita un gran equilibrio físico y psicológico; a veces atlético.
Exige un perfecto entendimiento con el caballo.

Equipamiento ++
Botas, traje.

Lugar
Espacios muy variados.

Temporada
Todas.

Esfuerzo
Debe ser medio pero continuo.
Partes del cuerpo implicadas: piernas, tronco; riesgo vital: riesgo de caída; duración de la prueba: entre un minuto y varias horas según las modalidades.

Riesgos de accidentes
Traumatismos varios relacionados con las caídas.

Contraindicaciones
Vertebrales: puede haber serios trastornos.

Edad límite
De 6 a 70 años; edad óptima: de 15 a 45 años.

Beneficios fisiológicos
Equilibrio y reflejos; potencia muscular; flexibilidad y resistencia sostenida, aerobia y cardiovascular; pérdida de grasa.

Condiciones de integración en deporte salud

Todos los intermediarios posibles entre competición y recreo.

Dieta

Alimentación sana más o menos estricta según la edad. La última comida debe ser ligera y ha de hacerse tres horas antes del ejercicio.

Práctica deportiva

Modo de ejercicio dominante

Resistencia sostenida y potencia (salto de obstáculos); BI: gran sentido del equilibrio, reflejos, buena vista.

Ración de entrenamiento

- Nivel calórico medio: 150 a 200 cal por hora; 3.500 cal al día.
- Composición: glúcidos lentos, 60-65 %; pocos lípidos (por el animal); prótidos, de 1,5 a 2 g por kilo y al día; fibras, agua (2,5 l al día).

Hábitos

Estrictos para el equilibrio nervioso y la conducción del animal: sin tabaco ni alcohol, dedicando el tiempo necesario al descanso y la relajación.

Comportamiento

Estar en perfecta coordinación con su caballo; mantener siempre la calma.

Entrenamiento básico

En resistencia sostenida para el peso, el corazón.

Raciones pericompetitivas

- Ración percompetitiva entre las recuperaciones. Agua + glucosa con eventualmente sal, sólidos si la duración es superior a las tres horas (alimento concentrado).
- Ración de espera: hidratación discreta.
- Ración de recuperación: hidratación energética discreta.

Condiciones externas

Climáticas sobre todo en el exterior: aumento de los lípidos si hace frío; hidratación aumentada si hace calor.

Organización del tiempo

Horario preferente

- Si la competición tiene lugar por la mañana, a las once:
  — cena de la víspera: recarga glucogénica;
  — desayuno temprano, a la inglesa.
- Si la competición tiene lugar por la tarde, a las tres:
  — desayuno abundante, hiperglucídico, continental;
  — almuerzo más temprano, ligero, polivalente.
- Si la competición tiene lugar por la tarde, a las seis (en verano):
  — almuerzo rico en azúcares lentos;
  — merienda más temprana, polivalente: minicomida.
- Si la competición es por la noche, a las nueve:
  — almuerzo glucídico tardío.
  Merienda cena en torno a las seis: comida precompetitiva.
- Si se realizan dos sesiones en un mismo día (eliminatorias):
  — más de tres horas de diferencia: comida precompetitiva más ración de espera;
  — menos de tres horas de diferencia: minicomida (alimentación líquida y sólida percompetitiva).

Calendario de pruebas y alimentación

- La primera comida poscompetitiva será hiperglucídica lenta, pobre en lípidos y en prótidos.
- Si se trata de la última prueba del concurso de la temporada: regreso a una alimentación sana o alimentación de entrenamiento armoniosa, glucídica o protídica.
- Si se prevén otras pruebas en los días siguientes, a la mañana siguiente o a menos de tres días: recuperación más rápida de los prótidos (pescados, féculas).

Conclusión

Actividad deportiva que necesita un dominio corporal y emocional perfecto; es un deporte practicable hasta una edad muy avanzada.

ESGRIMA

Equipamiento y condiciones físicas

Deporte
Practicado individualmente o en el seno de un equipo; tonificante, incluso atlético; necesita el sentido táctico, agilidad, flexibilidad y relajación.

Equipamiento +++
Máscara, arma, uniforme de protección, zapatillas.

Lugar
Pista acondicionada.

Temporada
Todas.

Esfuerzo
Importante; intermitente; partes del cuerpo implicadas: todas; riesgo vital: penetración accidental; duración: asaltos de 2 a 5 minutos.

Riesgos de accidentes
- Anatómicos: torceduras, accidentes musculares y tendinosos.
- Fisiológicos: ruptura de lámina y penetración.

Contraindicaciones
- Anatómicas:
  — articulatorios: debilidad articulatoria;
  — vertebrales: posibilidad de trastornos graves.
- Varios: disimetrías funcionales que pueden acentuarse.

Edad límite
8 a 60 años; edad óptima: 20 a 35 años.

Beneficios fisiológicos
Equilibrio y reflejos; resistencia sostenida y flexibilidad.

Condiciones de integración en deporte salud
Algunas sesiones de entrenamiento al mes más acondicionamiento físico.

Dieta
Alimentación sana, con muy pocos lípidos. La última comida debe hacerse tres horas antes de la sesión.

Práctica deportiva

Modo de ejercicio dominante
Resistencia láctica, pero también: fuerza y velocidad; BI muy importante: equilibrio, reflejos, puntería y enfoque.

Ración de entrenamiento
- Nivel calórico: 3.000 a 3.500 cal al día.
- Composición: glúcidos lentos, 55-60 %; sin lípidos; prótidos, de 2 a 2,5 g por kilo y al día; 2,5 l al día: eventualmente 20 g de prótidos 30 minutos antes de los entrenamientos (es necesario aumentar la ración de agua).

Hábitos
Muy estrictos, dado el equilibrio psicológico y la BI: sin tabaco ni alcohol, dedicando el tiempo necesario al descanso y la relajación. Hay que tomar vitamina B y fósforo.

Comportamiento
No se deje llevar por el deseo de ganar.

Entrenamiento básico
En resistencia pero también en resistencia sostenida para el corazón, en potencia para la musculación.

Raciones pericompetitivas
- Ración percompetitiva: rehidratación + un poco de comida sólida entre dos asaltos: no estrictamente necesaria.
- Comida precompetitiva completa tres horas antes.
- Ración de espera: hidratación + glucosa en caso de estrés.
- Ración de recuperación: rehidratación, más o menos energética.

Condiciones externas

Climáticas: pocas variaciones en el interior; haga hincapié en una buena visión: vitamina A, sobre todo si la iluminación es artificial.

Organización del tiempo

Horario preferente

- Si la competición tiene lugar por la mañana, a las once:
  — cena de la víspera: recarga glucogénica;
  — desayuno temprano, a la inglesa.
- Si la competición tiene lugar por la tarde, a las tres:
  — desayuno abundante, hiperglucídico, continental;
  — almuerzo más temprano, ligero, polivalente.
- Si la competición tiene lugar por la tarde, a las seis:
  — almuerzo rico en azúcares lentos;
  — merienda más temprana, polivalente: minicomida.
- Si la competición es por la noche, a las nueve:
  — almuerzo glucídico tardío;
  — merienda cena en torno a las seis: comida precompetitiva.

Calendario de pruebas y alimentación

• La primera comida poscompetitiva será hiperglucídica lenta, pobre en lípidos y en prótidos.

• Si se trata del último encuentro de un torneo: regreso a una alimentación sana o alimentación de entrenamiento armoniosa, glucídica o protídica.

• Si se prevén otras pruebas en los días siguientes, a la mañana siguiente o a menos de tres días: recuperación más rápida de los prótidos (pescados, féculas).

Conclusión

Escuela de equilibrio psicológico, de reflejos y de flexibilidad, regulable en función de las posibilidades físicas.

Esquí alpino, surf, snowboard

Equipamiento y condiciones físicas

Deporte
Practicado individualmente o en equipo; tonificante, incluso atlético; necesita flexibilidad, relajación, potencia y sentido del equilibrio.

Equipamiento +++
Esquís o tabla de *snowboard*, zapatos, guantes, gafas.

Lugar
Nieve.

Temporada
Invierno.

Esfuerzo
Elevado; continuo; partes del cuerpo implicadas: piernas, caderas; riesgo vital: caídas graves; duración: de dos a tres minutos.

Riesgos de accidentes
- Anatómicos: esguinces, luxaciones, fracturas, traumatismos craneales.
- Fisiológicos: congelaciones, quemaduras de la piel, problemas en los ojos.

Contraindicaciones
- Articulatorias: problemas en los tobillos, rodillas, caderas.
- Vertebrales: patologías de los discos vertebrales.

Edad límite
De 4 a 70 años; edad óptima: de 20 a 25 años.

Beneficios fisiológicos
Equilibrio y reflejos; flexibilidad; potencia muscular; beneficio cardiovascular y resistencia aerobia.

Condiciones de integración en deporte salud

Seleccione su pista y su velocidad; acondicionamiento físico asociado obligatorio.

Dieta

Alimentación sana más o menos estricta según la edad; comida ligera 2 horas antes de la sesión.

Práctica deportiva

Modo de ejercicio dominante

- A la vez resistencia (descenso) y potencia (saltos); resistencia sostenida para la recuperación; BI muy importante; equilibrio, reflejos, sentido de la posición del cuerpo.
- Esfuerzo físico completo con BI importante.

Ración de entrenamiento

- Nivel calórico: 450 a 500 cal por hora; 3.500 cal al día aproximadamente.
- Composición: glúcidos lentos, 60 %; pocos lípidos; prótidos, 2 g por kilo y día; agua (2,5 l al día) y fibras.
- 20 g de proteínas una hora y media antes de las sesiones para aumentar la potencia muscular y una ración de glúcidos lentos por la noche en la cena.

Hábitos

Responsables: sin tabaco ni alcohol, dedicando el tiempo necesario al descanso y la relajación.

Comportamiento

Escoger bien su pista en función del entrenamiento y de su forma física.

Entrenamiento básico

En potencia y resistencia, pero igualmente en resistencia para la recuperación.

Raciones pericompetitivas

- Ración percompetitiva: imposible.
- Posibilidad de alimentación entre dos descensos, más bien sólido.

- Comida precompetitiva: tres horas antes.
- Ración de espera y recuperación: rehidratación, aporte energético, desintoxicación (prolongada).

Condiciones externas

Posibilidad a la vez de sol: ropa + hidratación; y de frío: aumente la ración lipídica. Añada dulce de almendras, oleaginosas.

Organización del tiempo

Horario preferente

- Si la competición tiene lugar por la mañana:
— cena de la víspera: recarga glucogénica;
— desayuno temprano, a la inglesa.
- Si la competición tiene lugar por la tarde:
— desayuno abundante, hiperglucídico, continental;
— almuerzo más temprano, ligero, polivalente.
- Si más raramente tiene lugar al final de la tarde:
— almuerzo rico en azúcares lentos;
— merienda más temprana, polivalente: minicomida.
- Si se convocan dos sesiones en un mismo día:
— más de tres horas de diferencia: comida precompetitiva más ración de espera;
— menos de tres horas de diferencia: ración líquida y sólida percompetitiva.

Calendario de pruebas y alimentación

- La primera comida poscompetitiva será hiperglucídica lenta, pobre en lípidos y en prótidos.
- Si se trata del último día del encuentro: regreso a una alimentación de entrenamiento armoniosa, glucídica o protídica.
- Si se trata del último día de la temporada: regreso a una alimentación sana equilibrada.
- Si se prevén otras pruebas en los días siguientes: aumente la ración protídica (pescados, féculas).

Conclusión

Deporte que conlleva una motricidad general, tonificación de las piernas, equilibrio. Debe regularse en función del entrenamiento y de su edad.

ESQUÍ DE FONDO

Equipamiento y condiciones físicas

Deporte
- Practicado individualmente o en grupo; deporte rítmico, sano y tonificante, incluso atlético; necesita resistencia sostenida ante todo, pero también flexibilidad y sentido del equilibrio.

Equipamiento +++
Esquís, botas, palos.

Lugar
Nieve.

Temporada
Invierno.

Esfuerzo
Debe ser moderado pero continuo.
Partes del cuerpo implicadas: todas, sobre todo los miembros inferiores. Duración: hasta cinco o seis horas.

Riesgos de accidentes
Torceduras, trastornos musculares y tendinosos.

Contraindicaciones
- Anatómicas: articulatorias (lumbalgias).
- Fisiológicas: cardiacas (debilidad cardiaca ignorada).

Edad límite
De 7 a 80 años; edad óptima: de 25 a 35 años.

Beneficios fisiológicos
Pérdida de grasa, beneficio cardiovascular, resistencia aerobia; flexibilidad y equilibrio; reflejos.

Condiciones de integración en deporte salud

Muy fácil; salidas regulares con acondicionamiento físico; debe adaptarse la velocidad y la duración.

Dieta

Alimentación salud más o menos estricta según la edad; no realizar comidas importantes justo antes de la salida.

Práctica deportiva

Modo de ejercicio dominante

Ante todo resistencia sostenida, pero también resistencia láctica (puntas de velocidad); BI: ligera.

Ración de entrenamiento

- Nivel calórico: 500 a 700 cal por hora; 3.500 cal al día.
- Composición: glúcidos lentos, 60-65 %; pocos lípidos; prótidos, de 1,5 a 2 g por kilo y día; no olvide el agua (2,5 l al día) y las fibras.
- Tres cenas a 65 % de glúcidos lentos o un régimen disociado en cuatro días antes de una prueba de larga duración.

Hábitos

Responsables: sin tabaco ni alcohol, dedicando el tiempo necesario al descanso y la relajación.

Comportamiento

Esquiar a su ritmo en función de sus posibilidades.

Entrenamiento básico

En resistencia sostenida para el corazón y en resistencia para la reserva de potencia.

Raciones pericompetitivas

- Ración percompetitiva: necesaria si es de larga duración; alimentación «al vuelo»: líquido glucosado o sólido (barras energéticas).
- Importancia de una comida precompetitiva completa tres horas antes.
- Ración de espera: hidratación y glucosa si existe estrés.
- Ración de recuperación: rehidratación glucosada; bicarbonato y leche para desintoxicación.

Condiciones externas

• En caso de calor: aumente la ración hídrica , añada sal.
• En caso de frío: aumente los lípidos en los días precedentes (mantequilla, aceite); durante la prueba: dulce de almendras u oleaginosas.

Organización del tiempo

Horario preferente

• A veces la competición tiene lugar por la mañana:
— cena de la víspera: recarga glucogénica;
— desayuno temprano, a la inglesa.
• Por la tarde:
— desayuno abundante, hiperglucídico, continental;
— almuerzo más temprano, ligero, polivalente.
• Más raramente al final de la tarde:
— almuerzo rico en azúcares lentos;
— merienda más temprana, polivalente: minicomida.
• Para un día entero de salida: debe prever pausas de comidas con una alimentación líquida y sólida de tipo energético concentrado.

Calendario de pruebas y alimentación

• La primera comida poscompetitiva será hiperglucídica lenta, pobre en lípidos y en prótidos.
• Si se trata del último día del encuentro: regreso a una alimentación de entrenamiento armoniosa, glucídica o protídica.
• Si se trata del último día de la temporada: regreso a una alimentación sana equilibrada.
• Si se prevén otras pruebas en los días siguientes: aumente los prótidos y los glúcidos lentos (65 %).

Conclusión

Actividad deportiva cardiovascular de referencia; potencia de todo el cuerpo; ritmo adaptable a cualquier edad.

EXCURSIÓN PEDESTRE

Equipamiento y condiciones físicas

Deporte
Sano y tonificante; requiere resistencia sostenida y forma física.

Equipamiento ++
Calzado de buena calidad, mochila.

Lugar
Espacios naturales variados.

Temporada
Primavera, verano.

Esfuerzo
Medio a elevado; intermitente; partes del cuerpo implicadas: piernas; duración: de una a varias horas.

Riesgos de accidentes
- Anatómicos: torceduras.
- Fisiológicos: insolación.

Contraindicaciones
- Anatómicas: lumbalgias.
- Fisiológicas: debilidad cardiaca ignorada.
- Varias: no resistencia al frío y al calor, sobreestimación de sus posibilidades, sobre todo en la montaña.

Edad límite
De 10 a 80 años; edad óptima: de 20 a 60 años.

Beneficios fisiológicos
Resistencia sostenida aerobia y cardiovascular; pérdida de grasa; potencia muscular.

Condiciones de integración en deporte salud
Actividad fácil; algunas salidas al mes y un acondicionamiento físico.

Dieta
Alimentación sana clásica más o menos estricta según la edad; no debe tenerse el estómago sobrecargado para la marcha.

Práctica deportiva

Modo de ejercicio dominante
Esencialmente resistencia sostenida, pero también resistencia láctica para aceleraciones y cuestas; BI discreta: equilibrio y reflejos (terreno accidentado).

Ración de entrenamiento
- Nivel calórico: 500 cal por hora; 3.000 a 3.500 cal al día.
- Composición: glúcidos lentos, 60-65 %; pocos o sin lípidos para aceleraciones y cuestas; prótidos, de 1,5 a 2 g por kilo y día; no olvide el agua (2,5 l al día) y las fibras; una porción de glúcidos lentos por la tarde si se camina por la mañana.

Hábitos
Responsables: sin tabaco ni alcohol, dedicando el tiempo necesario al descanso y la relajación.

Comportamiento
Ante todo, no ir más allá de las propias posibilidades.

Entrenamiento básico
Naturalmente en resistencia sostenida, resistencia para la reserva energética.

Raciones pericompetitivas
- Ración percompetitiva necesaria y posible: rehidratación energética (glucosa), sólida (alimento energético concentrado).
- Ración de espera y de recuperación: hídrica y energética.

Condiciones externas
- En caso de temperaturas altas: aumente e incluso duplique la hidratación.

- En caso de temperaturas bajas: aumente las grasas los días precedentes (aceite, mantequilla fresca). Durante la competición: dulce de almendras, oleaginosos.

Organización del tiempo

Horario preferente

- Por la mañana, entre las diez y las once:
— cena de la víspera: recarga glucogénica;
— desayuno temprano, a la inglesa.
- Por la tarde, a las tres:
— desayuno abundante, hiperglucídico, continental;
— almuerzo más temprano, ligero, polivalente.
- Más raramente al final de la tarde, a las seis:
— almuerzo rico en azúcares lentos;
— merienda más temprana, polivalente: minicomida.
- Muy raramente, por la noche, a las nueve:
— almuerzo glucídico tardío;
— merienda cena en torno a las seis: comida precompetitiva.
- Todo el día (asimilable a dos sesiones en un mismo día): alimentación precompetitiva concentrada.

Calendario de pruebas y alimentación

- La primera comida poscompetitiva será hiperglucídica lenta, pobre en lípidos y en prótidos.
- Si se trata de una excursión aislada: regreso a una alimentación sana equilibrada.
- Si se trata de excursiones repetitivas: ración de entrenamiento más rica en glúcidos lentos.
- Si se trata de excursiones próximas: aumento de prótidos.

Conclusión

Actividad física muy sana; estimulación cardiovascular en aerobia; puede practicarse hasta una edad muy avanzada.

Fondo (Atletismo)

Equipamiento y condiciones físicas

Deporte
En resistencia sostenida incluyendo medio fondo prolongado, *cross*, maratón; practicado en el seno de un equipo; necesita resistencia sostenida y sentido táctico.

Equipamiento +
Zapatillas adaptadas (clavos para las pistas).

Lugar
Pista, carretera, todo terreno.

Temporada
Todas.

Esfuerzo
Debe ser fuerte, continuo y muy importante. Partes del cuerpo implicadas: miembros inferiores. Duración: de unos diez minutos a varias horas.

Riesgos de accidentes
- Anatómicos: problemas cardiacos, calambres musculares.
- Fisiológicos: hipoglucemia.

Contraindicaciones
- Anatómicas: tendones frágiles; patología de las vértebras.
- Fisiológicas: debilidad cardiaca, problemas de glucemia.

Edad límite
De 8 a 60 años; edad óptima: de 25 a 35 años.

Beneficios fisiológicos
Pérdida de grasa; beneficio cardiovascular; resistencia sostenida.

Condiciones de integración en deporte salud

Algunos kilómetros tres o cuatro veces por semana.
Además, es necesario realizar un acondicionamiento físico.

Dieta

Alimentación debe ser sana y más o menos estricta. Ha de estar enriquecida con glúcidos lentos. La última comida debe hacerse tres horas antes de la carrera.

Práctica deportiva

Modo de ejercicio dominante

Resistencia sostenida, pero también resistencia láctica para el *sprint* final; BI débil: reflejos de salida.

Ración de entrenamiento

- Nivel calórico alto: de 900 a 1.000 cal por hora y de 3.500 a 4.000 cal al día.
- Composición: glúcidos lentos, 60-65 %; pocos o sin lípidos: prótidos, de 1,5 a 2 g por kilo y al día; no olvide las fibras; 2,5 l de agua al día.

Necesidad de aumentar los glúcidos lentos.

- Dos cenas a 65 % o régimen disociado simplificado en cuatro días; más raramente régimen disociado escandinavo en siete; ración de agua: 3,5 l al día.

Hábitos

Responsables. Es preciso no consumir tabaco ni alcohol, dedicando el tiempo necesario al descanso y la relajación. Cuidado con el aumento de peso.

Comportamiento

Dosificar bien su esfuerzo y la guardar energía para toda la práctica deportiva.

Entrenamiento básico

En resistencia sostenida, con algunas puntas de aceleración en resistencia para poder tener una reserva de potencia.

Raciones pericompetitivas

- Ración percompetitiva: necesaria y posible por la organización.
- Composición: agua + glucosa y eventualmente sal; ración sólida si la duración es superior a tres horas: barras energéticas.
- Ración de espera, será más importante cuanto más larga sea la distancia a recorrer: hidratación regular + glucosa durante el periodo de calentamiento.
- Ración de recuperación: a la vez rehidratación, aporte energético, desintoxicación.

Condiciones externas

- Carrera con calor: ropa adecuada; plan de hidratación: duplique la cantidad de agua, añada sal.
- En tiempo frío: ropas adecuadas; aumente los lípidos los días precedentes; coma dulce de frutas, de almendras, oleaginosas.
- Carrera al final del día o por la noche: fuente de vitamina A para la vista.

Organización del tiempo

Horario preferente

- Si la competición tiene lugar por la mañana, 10 horas:
— cena de la víspera: recarga glucogénica;
— desayuno temprano, a la inglesa.
- Si la competición tiene lugar por la tarde, a las tres:
— desayuno abundante, hiperglucídico, continental;
— almuerzo más temprano, ligero, polivalente.
- Si la competición tiene lugar por la tarde, a las seis:
— almuerzo rico en azúcares lentos;
— merienda más temprana, polivalente: minicomida.
- Si tienen lugar dos pruebas en un mismo día:
— más de tres horas de diferencia: comida precompetitiva más ración de espera;
— menos de tres horas de diferencia: ración líquida y sólida percompetitiva.

Calendario de pruebas y alimentación

- La primera comida poscompetitiva será hiperglucídica lenta, pobre en lípidos y en prótidos.

- Si se trata de la última carrera de la temporada: regreso a una alimentación sana o alimentación de entrenamiento armoniosa, glucídica o protídica.
- Si se prevén otras carreras en los días siguientes: recuperación más rápida de los prótidos.

Conclusión

Actividad deportiva de resistencia sostenida, que conlleva un desarrollo cardiovascular y pulmonar. Fácilmente regulable en función de la edad.

FOOTING

Equipamiento y condiciones físicas

Deporte
Sano, rítmico y tonificante; puede practicarse individualmente o dentro de un grupo o de un equipo; necesita ante todo resistencia sostenida.

Equipamiento
Buen calzado.

Lugar
Terreno de juegos o pista.

Temporada
Todas.

Esfuerzo
Importante; continuo; partes del cuerpo implicadas: piernas, corazón; duración: de 30 a 40 minutos (no competición).

Riesgos de accidentes
- Anatómicos: torceduras de tobillos, tendinitis.
- Fisiológicos: accidentes cardiacos, hipoglucemia.

Contraindicaciones
- Anatómicas: fragilidad articulatoria de los miembros inferiores; discopatías lumbares.
- Fisiológicas: fragilidad cardiaca sobre todo a partir de los 40 años.

Edad límite
De 8 a 70 años; edad óptima: de 15 a 40 años.

Beneficios fisiológicos
Pérdida de grasa, beneficio cardiovascular, resistencia anaerobia; equilibrio y reflejos; potencia muscular y flexibilidad.

Condiciones de integración en deporte salud
Muy fácil, algunos kilómetros a su ritmo cuatro o cinco veces por semana y complemento de acondicionamiento físico.

Dieta
Alimentación sana clásica más o menos estricta según la edad; última toma alimentaria tres horas antes de la sesión.

Práctica deportiva

Modo de ejercicio dominante
• Ante todo resistencia sostenida; en segundo lugar: resistencia láctica en caso de velocidad; BI para el sentido del equilibrio.
• Modo de ejercicio en resistencia suave, casi exclusivamente aerobia.

Ración de entrenamiento
• Nivel calórico: 250 a 300 cal por hora; 2.000 a 2.500 cal al día.
• Composición: glúcidos lentos, 60-65 %; pocos lípidos antes de comenzar; prótidos, de 1,5 a 2 g por kilo y día; no olvide el agua (2,5 l al día) y las fibras.
• Esencialmente un poco de proteínas antes de las sesiones si se produce punta de resistencia o cross.

Hábitos
Responsables: sin tabaco ni alcohol, dedicando el tiempo necesario al descanso y la relajación.

Comportamiento
Vaya a su ritmo, no se deje llevar por el grupo.

Entrenamiento básico
Resistencia sostenida y punta de resistencia para guardar una reserva de potencia.

Raciones pericompetitivas
• Ración percompetitiva no necesaria y poco realizable; hidratación en caso de calor.
• Ración de espera: hidratación + glucosa eventualmente.
• Ración de recuperación: hidratación + aporte energético.

Condiciones externas
- En caso de calor: aumente la ración hídrica y de sal.
- En caso de frío: aumente sensiblemente los lípidos de la ración de entrenamiento: dulce de almendras u oleaginosas justo después de la carrera.

Organización del tiempo

Horario preferente
- Por la mañana, entre las diez y las once:
  — cena de la víspera: recarga glucogénica;
  — desayuno temprano, a la inglesa.
- Por la tarde, a las tres:
  — desayuno abundante, hiperglucídico, continental;
  — almuerzo más temprano, ligero, polivalente.
- Al final de la tarde, a las seis:
  — almuerzo rico en azúcares lentos;
  — merienda más temprana, polivalente: minicomida.
- por la noche (raramente) a las nueve:
  — almuerzo glucídico tardío;
  — merienda cena alrededor de las seis: comida precompetitiva;
  — no olvide las fuentes de vitamina A.

Calendario de pruebas y alimentación
- Tras un entrenamiento más largo (10 kilómetros, por ejemplo): la primera comida poscompetitiva será hiperglucídica lenta, pobre en lípidos y en prótidos.
- Si se trata de la última carrera del encuentro: regreso a una alimentación de entrenamiento armoniosa, glucídica o protídica.
- Si es la última carrera de la temporada: regreso a una alimentación sana equilibrada.
- Si se prevén otras pruebas en los días siguientes: recuperación más rápida y más importante de los prótidos (pescados, féculas).

Conclusión

Desarrollo cardiovascular, resistencia, pérdida de peso; evolución hacia medio fondo ligero o deporte salud.

FÚTBOL

Equipamiento y condiciones físicas

Deporte

Colectivo y eminentemente lúdico; necesita el sentido táctico, habilidad, flexibilidad, a la vez potencia muscular, equilibrio y reflejos.

Equipamiento +

Zapatillas.

Lugar

Campo de césped.

Temporada

Todas.

Esfuerzo

Importante; intermitente; partes del cuerpo implicadas: miembros inferiores, pies, muslos, pecho, cabeza; duración: 90 minutos.

Riesgos de accidentes

- Anatómicos: torceduras, fracturas, luxaciones, heridas varias.
- Fisiológicos: patologías cardiacas, de los ligamentos, musculares.

Contraindicaciones

- Anatómicas: debilidad articulatoria de los miembros inferiores o lumbar; debilidad tendinosa o muscular.
- Fisiológicas: debilidad cardiaca ignorada.

Edad límite

De 7 a 45 años; edad óptima: de 20 a 30 años.

Beneficios fisiológicos

Cardiovasculares; potencia muscular; equilibrio y reflejos; pérdida de grasa; resistencia sostenida aerobia y flexibilidad.

Condiciones de integración en deporte salud
Algunas sesiones al mes, asociadas a un acondicionamiento físico; escogiendo a su equipo, sin forzar.

Dieta
Alimentación sana más o menos estricta según la edad; comida ligera antes de las sesiones de entrenamiento o los partidos.

Práctica deportiva

Modo de ejercicio dominante
Resistencia láctica no regulada, pero también resistencia sostenida o potencia en función del papel; BI: equilibrio, reflejos, visión del balón.

Ración de entrenamiento
- Nivel calórico: 500 a 600 cal por hora; 3.500 cal al día.
- Composición: glúcidos lentos, 60 %; pocos o sin lípidos; prótidos, 2 g por kilo y al día; 2,5 l de agua al día.
- De media dos cenas al 65 % de glúcidos lentos o 20 g de prótidos una hora y media antes del entrenamiento, en función de la posición en el juego, resistencia sostenida o potencia. Aumente la cantidad de agua: 3 l al día. No olvide las fibras.

Hábitos
Responsables: sin tabaco ni alcohol, dedicando el tiempo necesario al descanso y la relajación.

Comportamiento
No se deje llevar por el nivel del equipo.

Entrenamiento básico
En resistencia, pero también en resistencia sostenida para el corazón, potencia para el disparo.

Raciones pericompetitivas
- Ración percompetitiva no necesaria durante la prueba; posible en la media parte: rehidratación y eventualmente sólido.
- Ración de espera: ligera hidratación.
- Ración de recuperación: rehidratación + aporte energético.

Condiciones externas

- Calor: ropa ancha; aumente la hidratación, añada sal.
- Frío: aumente los lípidos en los días precedentes, consuma dulce de almendras, oleaginosas.

Organización del tiempo

Horario preferente

- Entrenamiento posible por la mañana:
— cena de la víspera: recarga glucogénica;
— desayuno temprano, a la inglesa.
- Si el partido tiene lugar por la tarde (el domingo):
— desayuno abundante, hiperglucídico, continental;
— almuerzo más temprano, ligero, polivalente.
- Si el partido tiene lugar por la tarde, entre semana:
— almuerzo rico en azúcares lentos;
— merienda más temprana, polivalente: minicomida.
- Si la competición es por la noche:
— almuerzo glucídico tardío:
— merienda cena en torno a las seis: cena precompetitiva.

Calendario de pruebas y alimentación

- La primera comida poscompetitiva será hiperglucídica lenta, pobre en lípidos y en prótidos.
- Si se trata del último partido de la temporada: regreso a una alimentación sana.
- Si se trata del último partido del torneo: regreso a una alimentación de entrenamiento armoniosa, glucídica o protídica.
- Si se prevén otras pruebas en los días siguientes: recuperación más rápida de los prótidos (pescados, féculas).

Conclusión

Efecto significativo para la salud: carrera en resistencia sostenida y en velocidad, análisis rápido de los datos; regulable en deporte salud siempre que se permanezca vigilante.

GIMNASIA (DEPORTIVA Y CON APARATOS)

Equipamiento y condiciones físicas

Deporte
Muy rítmico, a menudo atlético; necesita flexibilidad, relajación y resistencia sostenida.

Equipamiento +
Protege manos, zapatillas.

Lugar
Sala, aparatos varios.

Temporada
Todas.

Esfuerzo
Muy elevado; continuo; partes del cuerpo implicadas: todas; duración: de uno a diez minutos según las modalidades.

Riesgos de accidentes
- Anatómicos: torceduras, luxaciones, patologías vertebrales.
- Fisiológicos: efectos de exceso de entrenamiento.

Contraindicaciones
- Anatómicas: patologías articulares, incluso menores; patologías vertebrales, incluso menores.
- Técnicas: altura (chicas), cálculo de riesgos.

Edad límite
De 6 a 30 años; edad óptima: de 15 a 20 años.

Beneficios fisiológicos
Potencia muscular, flexibilidad, equilibrio, y reflejos; pérdida de grasa; mejora cardiovascular, resistencia sostenida aerobia.

Condiciones de integración en deporte salud

Algunas sesiones al mes adaptando los ejercicio a su edad, asociados al acondicionamiento físico.

Dieta

Alimentación sana más o menos estricta según la edad. La última comida debe ser ligera y tiene que hacerse tres horas antes del ejercicio.

Práctica deportiva

Modo de ejercicio dominante

- Resistencia láctica pero también potencia para los saltos y las llamadas. Resistencia sostenida ya que se realizan esfuerzos repetitivos; BI importante: equilibrio, reflejos.
- Actividad física en resistencia regulada más potencia.

Ración de entrenamiento

- Nivel calórico bastante elevado: 350 a 400 cal por hora; 3.500 a 4.000 al día.
- Composición: glúcidos lentos, 60 %; pocos o sin lípidos; prótidos, 2 g por kilo y día; no olvide el agua (2,5 l) al día y las fibras. Eventualmente, 20 g de proteínas una hora y media antes de los entrenamientos si los esfuerzos se realizan en potencia.

Hábitos

Responsables: sin tabaco ni alcohol, dedicando el tiempo necesario al descanso y la relajación.

Comportamiento

No forzar el entrenamiento; no intentar ir más allá de una cierta edad.

Entrenamiento básico

En resistencia ante todo, pero también resistencia sostenida para el corazón, en potencia para los impulsos.

Raciones pericompetitivas

- Ración percompetitiva: no necesaria; un poco de líquido y sólido entre las dos series.
- Ración de espera: discreta hidratación.
- Ración de recuperación: hidratación discreta + aporte energético.

Condiciones externas

- Condiciones climáticas poco variables en el interior.
- Aumente la hidratación o los lípidos en los días precedentes en los casos extremos.
- Fuentes de vitamina A si se trabaja con luz artificial.

Organización del tiempo

Horario preferente

- El entrenamiento y la competición pueden practicarse por la mañana:
— cena de la víspera: recarga glucogénica;
— desayuno temprano, a la inglesa.
- Incluso por la tarde:
— desayuno abundante, hiperglucídico, continental;
— almuerzo más temprano, ligero, polivalente.
- Más raramente por la tarde:
— almuerzo rico en azúcares lentos;
— merienda más temprana, polivalente: minicomida.
- Si se convocan dos sesiones en un mismo día (eliminatorias):
— más de tres horas de diferencia: comida precompetitiva más ración de espera;
— menos de tres horas de diferencia: ración líquida y sólida percompetitiva.

Calendario de pruebas y alimentación

- La primera comida poscompetitiva será hiperglucídica lenta, pobre en lípidos y en prótidos.
- Si se trata de la última prueba de la reunión: regreso a una alimentación de entrenamiento armoniosa, glucídica o protídica.
- Si se trata de la última prueba de la temporada: regreso a una alimentación sana equilibrada.
- Si se prevén otras pruebas en los días siguientes: recuperación más importante y más rápida de los prótidos (marinos o vegetales).

Conclusión

Efecto para la salud: actividad deportiva atlética muy completa, variada, pero reservada para una edad más joven.

GOLF

Equipamiento y condiciones físicas

Deporte
Lúdico, practicado individualmente y en ciertas ocasiones en equipo. Sano y tonificante, requiere grandes capacidades de resistencia, habilidad y empuje.

Equipamiento +++
Clubes, pelotas, zapatillas, guantes, saco.

Lugar
Terreno con césped.

Temporada
Medio; intermitente; partes del cuerpo implicadas: todas; duración: de cuatro a cinco horas.

Riesgos de accidentes
• Anatómicos: golf-elbow (material o gesto inadaptados).
• Fisiológicos: una práctica poco responsable puede provocar accidentes cardiacos y deshidratación.

Contraindicaciones
• Anatómicas: problemas de caderas, de rodillas y codos; trastornos lumbares y cervicales.
• Fisiológicas: debilidad cardiaca ignorada; accidentes cardiacos, sobre todo por calor y deshidratación.

Edad límite
De a 10 a 80 años; edad óptima: de 25 a 45 años.

Beneficios fisiológicos
Equilibrio y reflejos; pérdida de grasa; beneficio cardiovascular; resistencia sostenida aerobia; flexibilidad; potencia muscular.

Condiciones de integración en deporte salud
Muy fácil; de dos a tres recorridos por semana acompañados de un acondicionamiento físico.

Dieta
Alimentación sana más o menos estricta según la edad; comida ligera y temprana antes del recorrido.

Práctica deportiva

Modo de ejercicio dominante
Resistencia aguante, pero también potencia para el *swing*; BI importante: equilibrio, reflejos, visión pelota-hoyo.

Ración de entrenamiento
- Nivel calórico: 400 cal aproximadamente por hora; 3.000 a 3.500 cal al día.
- Composición muy equilibrada: glúcidos lentos 60 %; pocos o sin lípidos; prótidos 1,5 g a 2 g por kilo y día; no olvide las fibras; 2,5 l de agua al día.
- Los complementos en glúcidos o prótidos por lo general no suelen ser necesarios.

Hábitos
Estrictos a causa de la BI: poco o sin tabaco ni alcohol, ocho horas de sueño, buen equilibrio psicológico si se encuentra en competición.

Comportamiento
Saber guardar concentración y equilibrio psicológico.

Entrenamiento básico
Resistencia para el estado general; flexibilidad y musculación para el *swing*.

Raciones pericompetitivas
- Ración percompetitiva necesaria según la duración, posible durante la competición: líquido glucosado asociado a barras energéticas a partir de las tres horas.
- Ración de espera: hidratación ligera.
- Ración de recuperación: rehidratación y aporte energético.

Condiciones externas

- Recorrido si hace calor.
- Aumente la hidratación, añada sal.
- En caso de temperatura fría: lípidos en los días precedentes, prevea dulce de almendras, oleaginosas.
- No desprecie las fuentes de vitamina A para la agudeza visual.

Organización del tiempo

Horario preferente

- El recorrido puede hacerse por la mañana:
— cena de la víspera: recarga glucogénica;
— desayuno temprano, a la inglesa.
- Por la tarde:
— desayuno abundante, hiperglucídico, continental;
— almuerzo más temprano, ligero, polivalente.
- Por la tarde (en verano):
— almuerzo rico en azúcares lentos;
— merienda más temprana, polivalente: minicomida.
- Si se convocan dos sesiones en un mismo día:
— más de tres horas de diferencia: comida precompetitiva con eventualmente ración de espera;
— menos de tres horas de diferencia: ración líquida y sólida percompetitiva.

Calendario de pruebas y alimentación

- La primera comida poscompetitiva será hiperglucídica lenta, pobre en lípidos y en prótidos.
- Si se trata del último recorrido del torneo: regreso a una alimentación de entrenamiento armoniosa, glucídica o protídica.
- Si se trata del último recorrido de la temporada: regreso a una alimentación sana.
- Si se prevén otras pruebas en los días siguientes: recuperación más rápida de los prótidos (pescados, féculas).

Conclusión

Efecto significativo para la salud: actividad deportiva de intensidad media adaptada a una edad avanzada. Aspecto táctico y lúdico no despreciable.

HALTEROFILIA

Equipamiento y condiciones físicas

Deporte

Atlético: normalmente practicado en el seno de un equipo; necesita potencia y relajación asociados a un buen estado de forma general.

Equipamiento +

Zapatillas, cinturón lumbar.

Lugar

Sala.

Temporada

Todas.

Esfuerzo

Importante; continuo y repetitivo; partes del cuerpo implicadas: todas; duración: unos diez segundos.

Riesgos de accidentes

- Anatómicos: patologías articulatoria, muscular y tendinosa.
- Fisiológicos: contracturas, desgarres.

Contraindicaciones

- Anatómicas: patología articulatoria.
- Vertebrales: patología de la columna vertebral.

Edad límite

De 15 a 60 años; edad óptima: de 20 a 35 años.

Beneficios fisiológicos

- Potencia muscular; pérdida de grasa; flexibilidad, equilibrio y reflejos.
- Aporta una sensación de potencia física y de tranquilidad psicológica.

Condiciones de integración en deporte salud
Algunas sesiones de musculación ligera por semana y acondicionamiento físico.

Dieta
Alimentación sana más o menos estricta según la edad, rica en proteínas.

Práctica deportiva

Modo de ejercicio dominante
- Potencia muscular instantánea casi exclusivamente; BI: para la impulsión y el equilibrio del peso.
- Ejercicio en potencia, de corta duración, eventualmente repetitivo.

Ración de entrenamiento
- Nivel calórico. 450 a 500 cal por hora; 3.500 cal al día.
- Composición: glúcidos lentos, 55-60 %; lípidos en cantidad moderada; prótidos, de 2,5 a 3 g por kilo y día; no olvide el agua (2,5 l) al día y las fibras.
- 30 a 40 g de proteínas una hora y media antes del entrenamiento; eventualmente régimen hiperprotídico cíclico; aumente el agua: 3 l al día.

Hábitos
Responsables: sin tabaco ni alcohol, dedicando el tiempo necesario al descanso y la relajación.

Comportamiento
No intente ir por encima de sus posibilidades en la carga; no realice un exceso proteínico.

Entrenamiento básico
Musculación, pero también en resistencia para estado general y corazón.

Raciones pericompetitivas
- Ración percompetitiva: no necesaria e imposible; posibilidad de hidratación o de alimentación energética entre dos alzamientos.
- Ración de espera y ración de recuperación: hidratación con un poco de glucosa.

Condiciones externas

- En interior, poca repercusión climática.
- Aumente la hidratación en caso de calor.
- En caso de frío, aumente sensiblemente la ración lipídica de entrenamiento.

Organización del tiempo

Horario preferente

- Si la competición tiene lugar por la mañana, 10 horas:
  — cena de la víspera: recarga glucogénica;
  — desayuno temprano, a la inglesa.
- Si la competición tiene lugar por la tarde, a las tres:
  — desayuno abundante, hiperglucídico, continental;
  — almuerzo más temprano, ligero, polivalente.
- Si la competición tiene lugar por la tarde, a las seis (en verano):
  — almuerzo rico en azúcares lentos;
  — merienda más temprana, polivalente: minicomida.
- Si tienen lugar dos sesiones en un mismo día (eliminatorias):
  — más de tres horas de diferencia: comida precompetitiva con eventualmente una ración de espera;
  — menos de tres horas de diferencia: ración líquida y sólida percompetitiva.

Calendario de pruebas y alimentación

- La primera comida poscompetitiva será hiperglucídica lenta, pobre en lípidos y en prótidos.
- Si se trata de la última prueba del campeonato: regreso a una alimentación de entrenamiento armoniosa, glucídica o protídica.
- Si se trata de la última prueba de la temporada: regreso a una alimentación sana equilibrada.
- Si se prevén otras pruebas en los días siguientes: recuperación más rápida de los prótidos (pescados, féculas).

Conclusión

Actividad atlética que desarrolla y mantiene la fuerza; puede evolucionar hacia la musculación.

JUDO

Equipamiento y condiciones físicas

Deporte
Disciplina tonificante y atlética; practicada individualmente o en el seno de un equipo; necesita táctica, potencia, flexibilidad, reflejos.

Equipamiento ++
Quimono, cinturón.

Lugar
Dojo, alfombra adaptada.

Temporada
Todas.

Esfuerzo
Importante; intermitente; partes del cuerpo implicadas: miembros superiores e inferiores; duración: cuatro minutos.

Riesgos de accidentes
Fracturas de la clavícula, fracturas de las vértebras, torceduras de los dedos.

Contraindicaciones
- Anatómicas: articulatorias (fragilidad articulatoria); vertebrales (patologías vertebrales).
- Fisiológicas: cardiacas (debilidad cardiaca ignorada).

Edad límite
De 8 a 60 años; edad óptima: de 20 a 30 años.

Beneficios fisiológicos
Cardiovasculares; potencia muscular, flexibilidad, equilibrio y reflejos, control y dominio de uno mismo.

Condiciones de integración en deporte salud

Algunas sesiones por semana o al mes seleccionando su nivel y su contrario.

Dieta

Alimentación equilibrada más o menos estricta según la edad. La última comida se hará dos horas y media o tres antes de la sesión.

Práctica deportiva

Modo de ejercicio dominante

- Resistencia láctica, pero también potencia para la presión; BI importante: equilibrio, reflejos, sangre fría.
- Modo de resistencia láctica no regulada, quizá repetitiva.

Ración de entrenamiento

- Nivel calórico: 700 cal por hora aproximadamente; 3.500 cal al día.
- Composición: glúcidos lentos, 60 %; muy pocos o sin lípidos según desplazamientos o no; prótidos, 2 g por kilo y día; no olvide el agua (2,5 l al día) y las fibras.
- Aproximadamente 20 g de proteínas una hora y media antes de los entrenamientos para aumentar la potencia y la masa muscular.

Hábitos

Responsables: sin tabaco ni alcohol, dedicando el tiempo necesario al descanso y la relajación.

Comportamiento

Piense en usted... Y también en el contrario.

Entrenamiento básico

Musculación y flexibilización, pero también resistencia sostenida para el corazón y recuperación.

Raciones pericompetitivas

- Ración percompetitiva: innecesaria.
- Ración de espera: hidratación ligera, glucosada en caso de estrés.
- Ración de recuperación: entre dos combates, líquido o barra energética.

Condiciones externas

- Poca repercusión climática en el interior.
- Según la temperatura: aumente la hidratación o aumente los lípidos.
- En caso de luz artificial: vitamina A.

Organización del tiempo

Horario preferente

- A veces por la mañana:
  — cena de la víspera: recarga glucogénica;
  — desayuno temprano, a la inglesa.
- Normalmente por la tarde:
  — desayuno abundante, hiperglucídico, continental;
  — almuerzo más temprano, ligero, polivalente.
- Aveces al final de la tarde:
  — almuerzo rico en azúcares lentos;
  — merienda más temprana, polivalente: minicomida.
- Si tienen lugar dos combates en un mismo día:
  — más de tres horas de diferencia: comida precompetitiva más ración de espera;
  — menos de tres horas de diferencia: ración líquida y sólida percompetitiva.

Calendario de pruebas y alimentación

- La primera comida poscompetitiva (cena) será hiperglucídica lenta, pobre en lípidos y en prótidos.
- Si se trata del último combate del campeonato: regreso a una alimentación de entrenamiento armoniosa, glucídica o protídica.
- Si se trata del último combate de la temporada: regreso a una alimentación sana equilibrada.
- Si se prevén otras pruebas en los días siguiente: recuperación más importante y más rápida de las proteínas (pescados, féculas).

Conclusión

Repercusión psicológica y antiestrés importante, pero estimulación cardiocirculatoria: debe moderar la actividad con la edad.

KÁRATE

Equipamiento y condiciones físicas

Deporte
Disciplina tonificante y atlética; practicada individualmente o en el seno de un equipo; necesita táctica, flexibilidad, relajación y potencia.

Equipamiento ++
Quimono, cinturón.

Lugar
Dojo, alfombra adaptada.

Temporada
Todas.

Esfuerzo
Importante; intermitente; partes del cuerpo implicadas: miembros superiores e inferiores; duración: cuatro minutos.

Riesgos de accidentes
Fracturas de la clavícula, de las vértebras, torceduras de los dedos y heridas o contusiones en los puntos de impacto.

Contraindicaciones
- Anatómicas: articulatorias (fragilidad); vertebrales (trastornos graves).
- Fisiológicas: cardiacas (debilidad ignorada).

Edad límite
De 8 a 60 años; edad óptima: de 20 a 30 años.

Beneficios fisiológicos
Cardiovasculares; flexibilidad y equilibrio; vivacidad de los reflejos; control y dominio de uno mismo.

Condiciones de integración en deporte salud

Algunas sesiones por semana o al mes escogiendo su nivel y a su contrario.

Dieta

Alimentación equilibrada más o menos estricta según la edad. La última comida se hará dos horas y media o tres antes de la sesión.

Práctica deportiva

Modo de ejercicio dominante

- Resistencia láctica, pero también potencia para la presión o el impacto; BI importante: equilibrio, reflejos, visión de impacto.

Ración de entrenamiento

- Nivel calórico 700 cal por hora aproximadamente; 3.500 cal al día.
- Composición: glúcidos lentos, 60-65 %; pocos lípidos; prótidos, de 1,5 a 2 g por kilo y día; no olvide el agua (2,5 l al día) y las fibras.
- Aproximadamente 20 g de proteínas una hora y media antes de los entrenamientos para aumentar la potencia y el impacto.

Hábitos

Responsables: sin tabaco ni alcohol, dedicando el tiempo necesario al descanso y la relajación.

Comportamiento

Piense en usted... Y también en el contrario.

Entrenamiento básico

Musculación y flexibilización, pero también resistencia sostenida para el corazón y recuperación.

Raciones pericompetitivas

- Ración percompetitiva no necesaria e imposible.
- Ración de espera: hidratación ligera, glucosada en caso de estrés.
- Ración de recuperación: entre dos combates, líquido o barra energética.

Condiciones externas

- Según la temperatura aumente la hidratación o los lípidos.
- En caso de luz artificial: vitamina A.

Organización del tiempo

Horario preferente

- A veces por la mañana:
  — cena de la víspera: recarga glucogénica;
  — desayuno temprano, a la inglesa.
- Normalmente por la tarde:
  — desayuno abundante, hiperglucídico, continental;
  — almuerzo más temprano, ligero, polivalente.
- A veces al final de la tarde:
  — almuerzo rico en azúcares lentos;
  — merienda más temprana, polivalente: minicomida.
- Si tienen lugar dos combates en un mismo día:
  — más de tres horas de diferencia: comida precompetitiva más ración de espera;
  — menos de tres horas de diferencia: ración líquida y sólida percompetitiva.

Calendario de pruebas y alimentación

- La primera comida poscompetitiva será hiperglucídica lenta, pobre en lípidos y en prótidos.
- Si se trata del último combate del campeonato: regreso a una alimentación de entrenamiento armoniosa, glucídica o protídica.
- Si se trata del último combate de la temporada: regreso a una alimentación sana equilibrada.
- Si se prevén otras pruebas en los días siguientes: recuperación más rápida de los prótidos (pescados, féculas).

Conclusión

Repercusión psicológica y antiestrés importantes, pero estimulación cardiocirculatoria: debe moderarse con la edad.

KARTING

Equipamiento y condiciones físicas

Deporte
Deporte mecánico; práctica individual o en equipo; necesita el sentido táctico, habilidad, reflejos, resistencia sostenida.

Equipamiento ++
Casco, zapatillas, combinación.

Lugar
Pista especializada.

Temporada
Todas salvo en invierno.

Esfuerzo
Moderado; continuo; partes del cuerpo implicadas: todas; duración: de 30 minutos a una hora.

Riesgos de accidentes
- Anatómicos: lumbalgias, dolores de la zona del cuello.
- Fisiológicos: problemas cardiacos.

Contraindicaciones
- Anatómicas: vertebrales (fragilidad o trastorno grave de la columna vertebral).
- Fisiológicas: cardiacas (debilidad ignorada).

Edad límite
De 10 a 40 años; edad óptima: de 20 a 30 años.

Beneficios fisiológicos
Equilibrio y reflejos; flexibilidad y resistencia sostenida; equilibrio psicológico.

Condiciones de integración en deporte salud
Muy simple; asociación con acondicionamiento físico; a su ritmo.

Dieta
Alimentación sana clásica más o menos estricta según la edad; no correr justo antes de una comida copiosa.

Práctica deportiva

Modo de ejercicio dominante
Resistencia sostenida; BI: reflejos, sangre fría, lucidez.

Ración de entrenamiento
- Nivel calórico: 150 a 200 cal por hora aproximadamente; 3.000 a 3.500 cal al día.
- Composición armoniosa: glúcidos lentos, 55-60 %; pocos lípidos; prótidos, de 1,5 a 2 g por kilo y día; no hay que olvidar el agua (2,5 l al día) y las fibras.
- No olvide las vitaminas B_1, B_6, el magnesio, el fósforo para los reflejos.

Hábitos
Responsables: sin tabaco ni alcohol, dedicando el tiempo necesario al descanso y la relajación.

Comportamiento
Tener siempre consciencia del riesgo del entorno.

Entrenamiento básico
Técnico pero también resistencia sostenida para el corazón y la resistencia.

Raciones pericompetitivas
- Ración percompetitiva: imposible durante la competición; justificada o no por la duración de la prueba.
- Es muy importante realizar una comida precompetitiva tres horas antes.
- Ración de espera y de recuperación: hídrica y eventualmente glucosada y energética.

Condiciones externas

- En función de la meteorología.
- En caso de calor: hidratación antes y después del esfuerzo, y añadir la sal conveniente.
- En caso de frío: aumente los lípidos: dulce de almendras u oleaginosas justo después de la carrera.
- No olvide la vitamina A si la carrera es por la tarde o nocturna.

Organización del tiempo

Horario preferente

- Raramente por la mañana:
— cena de la víspera: recarga glucogénica;
— desayuno temprano, a la inglesa.
- Normalmente por la tarde:
— desayuno abundante, hiperglucídico, continental;
— almuerzo más temprano, ligero, polivalente.
- A veces se prolonga hasta tarde:
— almuerzo rico en azúcares lentos;
— merienda más temprana, polivalente: minicomida.
- Si se realizan dos pruebas en un mismo día:
— más de tres horas de diferencia: comida precompetitiva más ración de espera;
— menos de tres horas de diferencia: ración líquida y sólida percompetitiva.

Calendario de pruebas y alimentación

- La primera comida poscompetitiva será hiperglucídica lenta, pobre en lípidos y en prótidos.
- Si se trata de la última carrera del encuentro: regreso a una alimentación de entrenamiento armoniosa, glucídica o protídica.
- Si se trata de la última carrera de la temporada: regreso a una alimentación sana equilibrada.
- Si se prevén otras pruebas en los días siguientes: recuperación más rápida de los prótidos y glúcidos lentos.

Conclusión

Actividad potencialmente de riesgo, que requiere una forma y un equilibrio psicológico perfectos.

MEDIO FONDO (ATLETISMO)

Equipamiento y condiciones físicas

Deporte

Carrera que incluye los 800 m, los 1.500 m y el medio fondo prolongado 5.000 y 10.000 m, practicados en resistencia sostenida con *sprint* final.

Equipamiento +

Zapatillas de clavos.

Lugar

Pista acondicionada de 400 m.

Temporada

Todas (interior y exterior).

Esfuerzo

Importante; continuo; partes del cuerpo implicadas: piernas; duración: de dos a cinco minutos, incluso 30 minutos si se prolonga.

Riesgos de accidentes

- Anatómicos: torceduras, fracturas.
- Fisiológicos: accidentes musculares y tendinosos.

Contraindicaciones

- Anatómicas: tobillos, rodillas, lumbalgias.
- Fisiológicas: debilidad cardiaca ignorada.
- Varias: debilidad de los ligamentos y los tendones.

Edad límite

De 15 a 50 años; edad óptima: de 20 a 30 años.

Beneficios fisiológicos

Pérdida de grasa, beneficio cardiovascular, resistencia sostenida aerobia, potencia muscular, flexibilidad, equilibrio y reflejos.

Condiciones de integración en deporte salud
Regulable a su propio ritmo, en resistencia y en resistencia sostenida.

Dieta
Alimentación sana más o menos estricta según la edad. La última comida ha de ser ligera y debe hacerse tres horas antes.

Práctica deportiva

Modo de ejercicio dominante
• Resistencia láctica, pero también: resistencia sostenida (prolongada)/potencia *(sprint)*; BI: reflejos de salida.
• Esfuerzo en resistencia regulada.

Ración de entrenamiento
• Nivel calórico alto: 900 cal por hora; 3.500 cal al día.
• Composición: glúcidos lentos, 60-65 %; lípidos si disminuye la temperatura y la prueba es larga; prótidos, 2 g por kilo y al día aproximadamente; 2,5 l de agua al día.
• Distribución: tres cenas al 65 % de glúcidos lentos o régimen disociado simplificado o 20 g de prótidos antes de cada entrenamiento; aumente el agua (3 l al día).

Hábitos
Responsables: sin tabaco ni alcohol, dedicando el tiempo necesario al descanso y la relajación.

Comportamiento
No superar las propias posibilidades.

Entrenamiento básico
Resistencia, resistencia sostenida para lo prolongado, potencia y musculación; prótidos para el *sprint*.

Raciones pericompetitivas
• Ración percompetitiva: no necesaria e imposible.
• Importancia de una comida precompetitiva completa.
• Ración de espera: hidratación + glucosa durante el calentamiento.
• Ración de recuperación: rehidratación, aporte energético, desintoxicación (prolongada).

Condiciones externas

Climáticas: en el exterior, si hace frío, aumente los lípidos; si hace calor, aumente la hidratación, añada sal.

Organización del tiempo

Horario preferente

- Si la competición tiene lugar a las 10 de la mañana:
  — cena de la víspera: recarga glucogénica;
  — desayuno temprano, a la inglesa.
- Si la competición tiene lugar por la tarde, a las tres:
  — desayuno abundante, hiperglucídico, continental;
  — almuerzo más temprano, ligero, polivalente.
- Si la competición tiene lugar por la tarde, a las seis (en verano):
  — almuerzo rico en azúcares lentos;
  — merienda más temprana, polivalente: minicomida.
- Si se convocan dos sesiones en un mismo día (eliminatorias):
  — más de tres horas de diferencia: comida precompetitiva más ración de espera;
  — menos de tres horas de diferencia: minicomida de tipo alimentación líquida y sólida percompetitiva.

Calendario de pruebas y alimentación

- La primera comida poscompetitiva será hiperglucídica lenta, pobre en lípidos y en prótidos.
- Si se trata de la última prueba de la temporada: regreso a una alimentación sana o alimentación de entrenamiento armoniosa, glucídica o protídica.
- Si se prevén otras pruebas en los días siguientes, a la mañana siguiente o a menos de tres días: recuperación más rápida de los prótidos (pescados, féculas).

Conclusión

Movilización cardiovascular muy importante, regulable en función de la edad y de las posibilidades.

Natación (800 y 1.500 m)

Equipamiento y condiciones físicas

Deporte
Tonificante y rítmico, incluso atlético; necesita resistencia sostenida, flexibilidad y potencia muscular.

Equipamiento +
Bañador, gafas, gorro.

Lugar
Piscina.

Temporada
Todas.

Esfuerzo
Intenso; continuo; partes del cuerpo implicadas: todas; duración: de siete a nueve minutos (800 m); 14 a 16 minutos (1.500 m).

Riesgos de accidentes
Desgarros y estiramientos (aductores, isquiático).

Contraindicaciones
Cardiacas (debilidad cardiaca); pulmonares (alergias).

Edad límite
De 10 a 80 años; edad óptima: de 16 a 25 años.

Beneficios fisiológicos
Cardiovasculares y resistencia aguante anaerobia; potencia muscular y flexibilidad.

Condiciones de integración en deporte salud
Muy fácil, practicando en resistencia sostenida, a su ritmo, dos o tres veces por semana y con acondicionamiento físico.

Dieta

Alimentación sana clásica más o menos estricta según la edad; última comida tres horas antes de la sesión.

Práctica deportiva

Modo de ejercicio dominante
- Resistencia sostenida ante todo; potencia para terminar en competición; BI para el sentido del equilibrio y reflejos de salida.
- Ejercicio practicado en resistencia con puntas de potencia.

Ración de entrenamiento
- Nivel calórico: 500 a 600 cal por hora; 3.000 a 3.500 cal al día.
- Composición: glúcidos lentos, 60-65 %; pocos lípidos; prótidos, de 1,5 a 2 g por kilo y día; no olvide el agua (2,5 l al día) y las fibras.
- Eventualmente tres cenas de 65 % de glúcidos lentos o un régimen disociado simplificado en cuatro días antes de una competición en resistencia sostenida.

Hábitos

Responsables: sin tabaco ni alcohol, dedicando el tiempo necesario al descanso y la relajación.

Comportamiento

Tener consciencia del medio en el que se encuentra.

Entrenamiento básico

En resistencia sostenida con impulsos de resistencia láctica para la reserva.

Raciones pericompetitivas
- Ración percompetitiva inútil e imposible mientras dure la prueba.
- Importancia de la comida precompetitiva tres horas antes.
- Ración de espera: líquido energético.
- Ración de recuperación: esencialmente energética.

Condiciones externas

Desperdicio de calor: una pequeña cantidad de lípidos en la ración de entrenamiento; mantequilla, aceite, oleaginosas los días precedentes.

Organización del tiempo

Horario preferente

- Si la competición tiene lugar por la mañana, a las diez o a las once:
  — cena de la víspera: recarga glucogénica;
  — desayuno temprano, a la inglesa.
- Si la competición tiene lugar por la tarde, a las tres:
  — desayuno abundante, hiperglucídico, continental;
  — almuerzo más temprano, ligero, polivalente.
- Si la competición tiene lugar por la tarde, a las seis:
  — almuerzo rico en azúcares lentos;
  — merienda más temprana, polivalente: minicomida.
- Si la competición es por la noche, a las nueve:
  — almuerzo glucídico tardío;
  — merienda cena alrededor de las seis de la tarde: cena precompetitiva.
- Si tienen lugar dos sesiones en un mismo día (eliminatorias):
  — más de tres horas de diferencia: comida precompetitiva más ración de espera;
  — menos de tres horas de diferencia: ración líquida y sólida percompetitiva.

Calendario de pruebas y alimentación

- La primera comida poscompetitiva será hiperglucídica lenta, pobre en lípidos y en prótidos.
- Si se trata de la última carrera de la competición: regreso a una alimentación de entrenamiento armoniosa, glucídica o protídica.
- Si se trata de la última carrera de la temporada: regreso a una alimentación sana equilibrada.
- Si se prevén otras pruebas en los días siguientes: recuperación más rápida y más importante de las proteínas (pescados, féculas).

Conclusión

Efecto excelente sobre el aspecto cardiovascular, flexibilidad del cuerpo y equilibrio psicológico. Puede practicarse hasta una edad avanzada.

Patinaje

Equipamiento y condiciones físicas

Deporte
- Rítmico, tonificante y atlético; practicada individualmente o en el seno de un equipo; necesita potencia, relajación, flexibilidad y agilidad.
- Puede practicarse en artístico y acrobático o velocidad y resistencia sostenida.

Equipamiento ++
Patines, protecciones varias.

Lugar
Pista de patinaje.

Temporada
Todas.

Esfuerzo
Importante; intermitente; partes del cuerpo implicadas: piernas; riesgo vital: caída brutal; duración: de 5 a 20 minutos aproximadamente.

Riesgos de accidentes
Fracturas, torceduras, traumatismos relacionados con las caídas (equipamiento de protección indispensable).

Contraindicaciones
- Anatómicas: articulatorias (fragilidad articulatoria); vertebrales (fragilidad vertebral).
- Fisiológicas: cardiacas (debilidad ignorada).

Edad límite
De 10 a 60 años; edad óptima: de 15 a 25 años.

Beneficios fisiológicos
Cardiovasculares, potencia muscular y flexibilidad.

Condiciones de integración en deporte salud
Más fácil cuando se practican la velocidad y la resistencia sostenida. Bastan algunas sesiones al mes y acondicionamiento físico.

Dieta
Alimentación sana más o menos estricta según la edad. La última comida debe hacerse dos horas y media o tres horas antes de la sesión.

Práctica deportiva

Modo de ejercicio dominante
Resistencia sostenida (velocidad); resistencia y potencia (artística y acrobática); BI muy importante: equilibrio, reflejos, sentido de la posición del cuerpo.

Ración de entrenamiento
- Nivel calórico: 400 a 450 cal por hora; 3.500 cal al día.
- Composición: glúcidos lentos, 60 %; sin lípidos; prótidos, 2 g por kilo y día; no olvide el agua (2,5 l al día) y las fibras.
- Eventualmente tres cenas a 65 % de glúcidos lentos (velocidad) o 20 g de prótidos una hora y media antes del entrenamiento (artístico).

Hábitos
Responsables: sin tabaco ni alcohol, dedicando el tiempo necesario al descanso y la relajación.

Comportamiento
Tener siempre consciencia de sus límites físicos, sobre todo en artístico.

Entrenamiento básico
Técnico, en resistencia sostenida y también en resistencia para la potencia.

Raciones pericompetitivas
- Ración percompetitiva: no necesaria e imposible, de ahí la importancia de una comida precompetitiva consecuente.
- Ración de espera: hidratación ligera + glucosa si es necesario.
- Ración de recuperación: rehidratación ligera y sobre todo energética.

Condiciones externas

Normalmente la temperatura es bastante baja. Aumente un poco los lípidos unos días antes. En el momento de la competición: almendras, oleaginosos. Vitamina A si la luz es artificial.

Organización del tiempo

Horario preferente

- Si la competición tiene lugar por la mañana, 10 horas:
— cena de la víspera: recarga glucogénica;
— desayuno temprano, a la inglesa.
- Si la competición tiene lugar por la tarde, a las tres:
— desayuno abundante, hiperglucídico, continental;
— almuerzo más temprano, ligero, polivalente.
- Si la competición tiene lugar por la tarde, a las seis (en verano):
— almuerzo rico en azúcares lentos;
— merienda más temprana, polivalente: minicomida.
- Si la competición es por la noche, a las nueve:
— almuerzo glucídico tardío;
— merienda cena alrededor de las seis: comida precompetitiva.
- Si se convocan dos sesiones en un mismo día (eliminatorias):
— más de tres horas de diferencia: comida precompetitiva y eventualmente ración de espera;
— menos de tres horas de diferencia: ración líquida y sólida percompetitiva.

Calendario de pruebas y alimentación

- La primera comida poscompetitiva será hiperglucídica lenta, pobre en lípidos y en prótidos.
- Si se trata de la última competición del torneo: regreso a una alimentación de entrenamiento armoniosa, glucídica o protídica.
- Si se trata de la última competición de la temporada: regreso a una alimentación sana equilibrada.
- Si se prevén otras pruebas en los días siguientes: recuperación más rápida y más importante de las proteínas (pescados, féculas).

Conclusión

Práctica completa y lúdica; se trata de un deporte salud sobre todo en resistencia sostenida.

PESCA

Equipamiento y condiciones físicas

Deporte
Practicado por lo general individualmente; muy sano y tonificante; requiere habilidad, agilidad y calma.

Equipamiento +++
Caña, molinete, cebos, musleras.

Lugar
Río o mar.

Temporada
Todas.

Esfuerzo
Medio; intermitente; partes del cuerpo implicadas: todas; duración: algunas horas.

Riesgos de accidentes
Riesgo vital: ahogo.

Contraindicaciones
Ninguna.

Edad límite
De 10 a 80 años; edad óptima: de 20 a 40 años.

Beneficios fisiológicos
Equilibrio y reflejos; resistencia y flexibilidad; equilibrio psicológico.

Condiciones de integración en deporte salud
Muy simple con acondicionamiento físico.

Dieta

Alimentación sana más o menos estricta según la edad; sin carácter particular.

Práctica deportiva

Modo de ejercicio dominante

- Fuerza y velocidad; pero también resistencia láctica; resistencia sostenida (para la duración de la ocupación); BI muy importante: equilibrio, reflejos, visión del sedal y el anzuelo.

Ración de entrenamiento

- Nivel calórico: de 400 a 450 cal por hora; de 3.000 a 3.500 cal por día.
- Composición: glúcidos lentos, 60-65 %; pocos lípidos; prótidos, de 1,5 a 2 g por kilo y día; no olvide el agua (2,5 l al día) y las fibras.
- Aumente un poco las proteínas si pesca al mayor; aumente un poco los glúcidos lentos si permanece mucho tiempo dentro del río.

Hábitos

Responsables: sin tabaco ni alcohol, dedicando el tiempo necesario al descanso y la relajación.

Comportamiento

Cultivar ante todo la paciencia.

Entrenamiento básico

Ante todo técnico; resistencia para la forma y el corazón.

Raciones pericompetitivas

- Ración percompetitiva posible, necesaria en función de la duración; líquida o sólida.
- Ración de espera y de recuperación: hidratación o rehidratación con glucosa.

Condiciones externas

- En caso de calor: aumente la ración hídrica.
- En caso de frío: aumente un poco los lípidos y tome un poco de dulce de almendras.

Organización del tiempo

Horario preferente

- Por la mañana:
  — cena de la víspera: recarga glucogénica;
  — desayuno temprano, a la inglesa.
- Por la tarde:
  — desayuno abundante, hiperglucídico, continental;
  — almuerzo más temprano, ligero, polivalente.
- Al final de la tarde, a las seis:
  — almuerzo rico en azúcares lentos;
  — merienda más temprana, polivalente: minicomida.
- A veces, todo el día en el mar: fraccione su alimentación en varios pequeñas comidas durante el día.

Calendario de pruebas y alimentación

- La primera comida poscompetitiva será hiperglucídica lenta, pobre en lípidos y en prótidos.
- Si se trata de la última partida de la prueba: regreso a una alimentación de entrenamiento armoniosa, glucídica o protídica.
- Si se trata de la última prueba de la temporada: regreso a una alimentación sana equilibrada.
- Si se prevén otras pruebas en los días siguientes: recuperación más rápida y más importante de las proteínas (pescados, féculas).

Conclusión

Nivel de gasto físico variable; equilibrio psicológico necesario. Es una actividad que puede practicarse con una edad muy avanzada.

REMO

Equipamiento y condiciones físicas

Deporte
Puede practicarse tanto individualmente como en equipo. Es un deporte muy rítmico, tonificante e incluso atlético.

Equipamiento
Zapatillas.

Lugar
Agua libre o piscina calibrada.

Temporada
Primavera, verano, otoño.

Esfuerzo
Debe ser intenso y continuo.
Partes del cuerpo implicadas: todas; basta saber nadar; duración: desde cinco minutos a varios días.

Riesgos de accidentes
Músculos y tendones.

Contraindicaciones
- Cardiovasculares (esfuerzo intenso).
- Mecánicos (columna vertebral).

Edad límite
De 12 a 70 años; edad óptima: de 20 a 35 años.

Beneficios fisiológicos
Aumenta la resistencia cardiorrespiratoria, musculación de todo el cuerpo, flexibilidad.

Condiciones de integración en deporte salud
En equipo de veteranos. Remo estático.

Dieta
Alimentación sana con eventualmente medidas estrictas y comidas precompetitivas.

Práctica deportiva

Modo de ejercicio dominante
- Resistencia sostenida pero resistencia; BI: sentido del equilibrio.
- Resistencia con componente mecánico.

Ración de entrenamiento
- Nivel calórico: 500 cal por hora; 3.500 a 4.000 cal al día.
- Progresivamente, sin aumento de peso.
- Composición equilibrada: 60 % de glúcidos lentos; pocas o sin grasas animales para la salud y el peso.
- Recargo glucogénico suplementario: régimen escandinavo en caso de larga duración. Tres o cuatro comidas al 65 % de glúcidos lentos.

Hábitos
En vista de los riesgos causados por el entorno (agua), deberán ser estrictos, sin alcohol ni tabaco, etc.

Comportamiento
No intente ir más allá de las propias posibilidades, sobre todo a partir de los 35 años, y escoja bien a su equipo.

Entrenamiento básico
En resistencia sostenida y resistencia.

Raciones pericompetitivas
- De 5 a 10 minutos en resistencia a varias horas de resistencia.
- Alimentación percompetitiva imposible; incluso si es precisa debido a la larga duración de la prueba. Por lo tanto, es importante la comida precompetitiva tres horas antes.
- Ración de espera completa: agua + glucosa y sal eventualmente.
- Ración de recuperación: rehidratación, aporte energético, desintoxicación.

Condiciones externas

- Consulte la meteorología (sobre todo si la prueba es larga).
- Ropa y régimen apropiados:
— fin de temporada: frío más o menos húmedo. Aumente en los días precedentes: aceite de aliño, mantequilla fresca. Justo antes de la competición: dulce de almendras, oleaginosas;
— en temporada de calor: es preciso ingerir una ración de espera importante: líquido y sal. Ración de recuperación: rehidratación y sales minerales.

Organización del tiempo

Horario preferente

- Lo más a menudo por la tarde, sobre todo si es en equipo:
— desayuno copioso, hiperglucídico, continental;
— desayuno precoz, más ligero, polivalente;
— ración de espera.
- Más raramente, por la mañana, en individual:
— cena de la víspera: recarga glucídica;
— desayuno más precoz, polivalente: minicomida a la inglesa.
- Si se prevén dos competiciones durante el día: mañana y tarde, corta o media duración (por ejemplo, eliminatorias):
— más de tres horas de diferencia: comida precompetitiva + ración de espera;
— menos de tres horas de diferencia: minicomida percompetitiva (alimentación líquida y sólida).

Calendario de pruebas y alimentación

- La primera comida (a menudo la cena) poscompetitiva será hiperglucémica lenta, pobre en lípidos y en prótidos.
- Si se trata de la última prueba: regreso progresivo en tres días a la ración de entrenamiento o a la alimentación sana si es final de temporada o deporte salud.
- Si se prevén más pruebas en los días siguientes: más prótidos (leguminosas, pescados).

Conclusión

Deporte excelente que puede practicarse hasta una edad avanzada, siguiendo siempre su propio ritmo.

Rugby (delantero)

Equipamiento y condiciones físicas

Deporte

Lúdico y colectivo; practicado en equipo; muy tonificante; necesita sentido estratégico y táctico, flexibilidad, rapidez, agilidad, potencia y resistencia.

Equipamiento ++

Zapatillas, tacos, protectores para tibias, concha, protectores para dientes, hombreras.

Lugar

Campo de césped.

Temporada

Todas (salvo julio y agosto).

Esfuerzo

Importante; intermitente; partes del cuerpo implicadas: todas; duración: 80 minutos.

Riesgos de accidentes

- Anatómicos: luxaciones de hombro, torceduras cervical o dorsal, traumatismos craneales.
- Fisiológicos: daños cardiacos (debilidad cardiaca ignorada).

Contraindicaciones

- Anatómicas:
 — articulatorias (fragilidad y laxitud de las articulaciones);
 — vertebrales: (fragilidad o patología de la columna vertebral).
- Fisiológicas: cardiacas (debilidad cardiaca ignorada).

Edad límite

De 10 a 40 años; edad óptima: de 20 a 30 años.

Beneficios fisiológicos

Cardiovasculares y potencia muscular; pérdida de grasa; resistencia aerobia; equilibrio y reflejos.

Condiciones de integración en deporte salud

Algunos entrenamientos y partidos al mes escogiendo su nivel y a su equipo con acondicionamiento físico.

Dieta

Alimentación sana más o menos estricta; última comida tres horas antes de la sesión.

Práctica deportiva

Modo de ejercicio dominante

- Resistencia, pero también potencia; BI: equilibrio.
- Esfuerzo físico en potencia y resistencia no reguladas.

Ración de entrenamiento

- Nivel calórico: 500 a 600 cal por hora; 3.500 cal al día.
- Composición: glúcidos lentos, 55-60 %; pocos lípidos para la masa; prótidos, 2,5 g por kilo y día; no olvide el agua (2,5 l al día) y las fibras.
- Aproximadamente 20 a 30 g de proteínas una hora y media antes de los entrenamientos.

Hábitos

Responsables: sin tabaco ni alcohol, descanso, etc. ¡Cuidado con el tercer tiempo!

Comportamiento

Conserve la calma; juegue a su ritmo: es un deporte, no un combate.

Entrenamiento básico

En resistencia y potencia, pero también en resistencia para la recuperación.

Raciones pericompetitivas

- Ración percompetitiva: no necesaria, posible entre dos medias partes; líquido eventualmente con glucosa; alimentos concentrados energéticos.

- Importancia de la comida precompetitiva.
- Ración de espera y de recuperación: hidratación y energética (agua glucosada).

Condiciones externas

- En caso de calor: es preciso que aumente la hidratación, a la que deberá añadir un poco de sal.
- En caso de frío: aumente los lípidos en los días precedentes.
- Durante el partido: dulce de almendras, oleaginosos.

Organización del tiempo

Horario preferente

- Durante la mañana:
— cena de la víspera: recarga glucogénica;
— desayuno temprano, a la inglesa.
- Normalmente (el fin de semana):
— desayuno abundante, hiperglucídico, continental;
— almuerzo más temprano, ligero, polivalente.
- Por la tarde (durante la semana):
— almuerzo rico en azúcares lentos;
— merienda más temprana, polivalente: minicomida.
- A veces por la noche, a las nueve:
— almuerzo glucídico tardío;
— merienda cena alrededor de las seis: comida precompetitiva.

Calendario de pruebas y alimentación

- La primera comida poscompetitiva será hiperglucídica lenta, pobre en lípidos y en prótidos.
- Si se trata del último partido del torneo: regreso a una alimentación de entrenamiento armoniosa, glucídica o protídica.
- Si se trata del último partido de la temporada: regreso a una alimentación sana equilibrada.
- Si se prevén otros partidos en los días siguientes: aumente la ración de prótidos.

Conclusión

Tonificación, masa muscular y equilibrio, potencia; a regular en función de la edad.

Rugby (medio y defensa)

Equipamiento y condiciones físicas

Deporte
Lúdico y colectivo; practicado en equipo; tonificante, calificado de viril; necesita para los jugadores que juegan atrás o en el centro: rapidez, agilidad, flexibilidad, relajación.

Equipamiento ++
Zapatillas, tacos, protectores tibias, concha, protectores dientes, hombreras.

Lugar
Campo de césped.

Temporada
Todas (salvo julio y agosto).

Esfuerzo
Importante; intermitente; partes del cuerpo implicadas: todas; duración: 80 minutos.

Riesgos de accidentes
- Anatómicos: torceduras de rodillas, tobillos, hombreras, luxaciones.
- Fisiológicos: debilidad cardiaca, desgarros.

Contraindicaciones
- Anatómicas:
  — articulatorias: fragilidad y laxitud de las articulaciones;
  — vertebrales: fragilidad o patología de la columna vertebral.
- Fisiológicas: fragilidad cardiaca ignorada.

Edad límite
De 10 a 40 años; edad óptima: de 20 a 30 años.

Beneficios fisiológicos
Cardiovasculares y potencia; flexibilidad.

Condiciones de integración en deporte salud
Practique algunos entrenamientos y partidas al mes escogiendo su nivel y a su equipo. Realice también acondicionamiento físico.

Dieta
Alimentación sana más o menos estricta; última comida tres horas antes de la sesión.

Práctica deportiva

Modo de ejercicio dominante
- Potencia, pero también resistencia sostenida y resistencia láctica; BI importante: equilibrio, reflejos, visión del balón.
- Esfuerzo físico en potencia y resistencia no reguladas.

Ración de entrenamiento
- Nivel calórico: 500 a 600 cal por hora; 3.500 cal al día.
- Composición: glúcidos lentos, 60-65 %; pocos o sin lípidos por los desplazamientos; prótidos, 2 g por kilo y día; no olvide el agua (2,5 l al día) y las fibras.
- Aproximadamente 20 g de proteínas una hora y media antes de los entrenamientos o tres cenas a 65 % de glúcidos lentos antes del partido.

Hábitos
Responsables: sin tabaco ni alcohol, descanso, etc. ¡Cuidado con el tercer tiempo!

Comportamiento
Conserve la calma; juegue a su ritmo.

Entrenamiento básico
Técnica; en resistencia para el corazón; en resistencia para la reserva y la recuperación.

Raciones pericompetitivas
- Ración percompetitiva: no necesaria, posible entre las dos medias partes; líquido ocasionalmente con glucosa; alimentos concentrados energéticos. Importancia de la comida precompetitiva.
- Ración de espera: agua glucosada.
- Ración de recuperación: hidratación y energética.

Condiciones externas

- En caso de calor: aumente la hidratación, añada un poco de sal.
- En caso de frío: aumente los lípidos en los días precedentes.
- Durante la competición: dulce de almendras, oleaginosos.

Organización del tiempo

Horario preferente

- Durante la mañana:
— cena de la víspera: recarga glucogénica;
— desayuno temprano, a la inglesa.
- Normalmente (el fin de semana):
— desayuno abundante, hiperglucídico, continental;
— almuerzo más temprano, ligero, polivalente.
- Por la tarde (durante la semana):
— almuerzo rico en azúcares lentos;
— merienda más temprana, polivalente: minicomida.
- A veces por la noche, a las nueve:
— almuerzo glucídico tardío;
— merienda cena alrededor de las seis: comida precompetitiva.

Calendario de pruebas y alimentación

- La primera comida poscompetitiva será hiperglucídica lenta, pobre en lípidos y en prótidos.
- Si se trata del último partido del torneo: regreso a una alimentación de entrenamiento equilibrado, ya sea glucídica o protídica.
- Si se trata del último partido de la temporada: regreso a una alimentación sana equilibrada.
- Si se prevén otros partidos en los días siguientes: aumente la ración de prótidos.

Conclusión

Deporte de resistencia sostenida, de potencia muscular, que aumenta el espíritu de equipo; debe conservarse a su nivel.

Saltos (Atletismo)

Equipamiento y condiciones físicas

Deporte
Atlético, practicado individualmente, pero en el seno de un equipo; necesita velocidad, potencia, relajación.

Equipamiento ++
Zapatillas de clavos, pértiga.

Lugar
Lugares acondicionados.

Temporada
Todas (interior y exterior).

Esfuerzo
Importante; intermitente; partes del cuerpo implicadas: miembros inferiores (salto de pértiga); duración: de una a dos horas.

Riesgos de accidentes
- Anatómicos: torceduras.
- Fisiológicos: accidentes musculares, tendinosos, aplastamientos vertebrales.

Contraindicaciones
Debilidad, laxitud de las articulaciones de los miembros inferiores; patología vertebral lumbar.

Edad límite
De 15 a 40 años; edad óptima: de 20 a 30 años.

Beneficios fisiológicos
Potencia muscular; equilibrio y reflejos; flexibilidad; beneficio cardiovascular.

Condiciones de integración en deporte salud

Algunos entrenamientos al mes adaptados a su nivel, más acondicionamiento físico.

Dieta

Alimentación sana más o menos estricta según la edad; última comida tres horas antes de la sesión.

Práctica deportiva

Modo de ejercicio dominante

- Ante todo en potencia (velocidad, fuerza de relajación); BI importante: equilibrio, reflejos, sentido de la posición del cuerpo.
- Ejercicio en velocidad y relajación reguladas + BI.

Ración de entrenamiento

- Nivel calórico: 800 a 900 cal por hora; 3.500 cal al día aproximadamente.
- Composición: glúcidos lentos, 55-60 %; pocos o sin lípidos (desplazamientos); prótidos, de 2,5 a 3 g por kilo y día; no olvide el agua (2,5 l al día) y las fibras.

Hábitos

Estrictos para la BI: sin tabaco ni alcohol, vida regular, descanso y relajación, etc.

Comportamiento

Mantener la cabeza fría; evitar el culto a la «victoria».

Entrenamiento básico

En potencia evidentemente, pero también en resistencia y resistencia sostenida para el corazón y la recuperación.

Raciones pericompetitivas

- Ración percompetitiva imposible, pero posibilidad de líquido y sólido entre dos series.
- Necesidad de la comida precompetitiva proteínica.
- Ración de espera: hidratación glucosada si existe estrés.
- Ración de recuperación: rehidratación energética.

Condiciones externas

- En caso de calor: aumente la ración hídrica y añada sal.
- En caso de frío: aumente ligeramente los lípidos; dulce de almendras u oleaginosas.

Organización del tiempo

Horario preferente

- Raramente por la mañana:
— cena de la víspera: recarga glucogénica;
— desayuno temprano, a la inglesa.
- A veces por la tarde:
— desayuno abundante, hiperglucídico, continental;
— almuerzo más temprano, ligero, polivalente.
- Normalmente al final de la tarde:
— almuerzo rico en azúcares lentos;
— merienda más temprana, polivalente: minicomida.
- En caso de eliminatorias(varias sesiones en la última jornada):
— más de tres horas de diferencia: comida precompetitiva con eventualmente ración de espera;
— menos de tres horas de diferencia: ración líquida y sólida percompetitiva.

Calendario de pruebas y alimentación

- La primera comida poscompetitiva será hiperglucídica lenta, pobre en lípidos y en prótidos.
- Si se trata de la última serie del encuentro: regreso a alimentación de entrenamiento armoniosa, glucídica o protídica.
- Si se trata de la última serie de la temporada atlética: regreso a una alimentación sana equilibrada.
- Si se prevén otras pruebas en los días siguientes: aumente la ración protídica (pescados, féculas).

Conclusión

Actividad estimulante de la potencia muscular y el desarrollo de los sentidos. Debe adaptarse en función de la edad fisiológica.

SPRINT (ATLETISMO)

Equipamiento y condiciones físicas

Deporte

Practicado normalmente en el seno de un equipo de atletismo; muy estimulante y rítmico; necesita relajación, potencia, sentido táctico.

Equipamiento +

Zapatillas de clavos.

Lugar

Pistas de distintos materiales.

Temporada

Todas (interior y exterior).

Esfuerzo

Muy elevado; continuo; partes del cuerpo implicadas: piernas; duración: de 10 a 45 segundos.

Riesgos de accidentes

Lesiones musculares y tendinosas.

Contraindicaciones

Cardiacas (debilidad cardiaca ignorada).

Edad límite

De 15 a 30 años; edad óptima: 25 años.

Beneficios fisiológicos

Potencia muscular; beneficio cardiovascular; equilibrio y reflejos; flexibilidad.

Condiciones de integración en deporte salud

Algunas sesiones a su ritmo con acondicionamiento físico.

Dieta

Alimentación sana bastante estricta según la edad; última comida tres horas antes de la sesión.

Práctica deportiva

Modo de ejercicio dominante

- Ante todo potencia instantánea, pero también resistencia y resistencia sostenida para la recuperación; BI importante; reflejos y equilibrio.
- Esfuerzo proporcionado en potencia, eventualmente repetitivo.

Ración de entrenamiento

- Nivel calórico elevado: 550 a 600 cal al día; 3.500 a 4.000 cal al día.
- Composición: glúcidos lentos, 55-60 %; muy pocos lípidos; prótidos, de 2,5 a 3 g por kilo y día (máximo); no olvide el agua (2,5 l al día) y las fibras.
- Eventualmente 30 g de prótidos una hora y media antes de los entrenamientos para aumentar la masa muscular. Más raramente: régimen hiperprotídico cíclico.

Hábitos

Severos: sin tabaco ni alcohol, modo de vida regular, descanso, etc.

Comportamiento

No intentar ir nunca más allá de las propias posibilidades; saber superar la necesidad de «victoria».

Entrenamiento básico

En potencia obviamente, pero también en resistencia sostenida y resistencia para el corazón, la recuperación.

Raciones pericompetitivas

- Ración percompetitiva: no necesaria, imposible.
- Importancia de una comida precompetitiva consistente tres horas antes.
- Ración de espera: hidratación + glucosa si existe estrés.
- Ración de recuperación: rehidratación, incluso desintoxicación.

Condiciones externas

- En caso de calor: aumente la ración hídrica y de sal.

- En caso de frío (más raramente): en el momento de la prueba, tome un dulce de almendras y oleaginosas.

Organización del tiempo

Horario preferente

- Si la carrera tiene lugar por la mañana:
— cena de la víspera: recarga glucogénica;
— desayuno temprano, a la inglesa.
- Por la tarde:
— desayuno abundante, hiperglucídico, continental;
— almuerzo más temprano, ligero, polivalente.
- Más raramente al final de la tarde:
— almuerzo rico en azúcares lentos;
— merienda más temprana, polivalente: minicomida.
- Si se convocan dos sesiones en un mismo día (eliminatorias):
— más de tres horas de diferencia: comida precompetitiva y eventualmente ración de espera;
— menos de tres horas de diferencia: ración líquida y sólida percompetitiva.

Calendario de pruebas y alimentación

- La primera comida poscompetitiva será hiperglucídica lenta, pobre en lípidos y en prótidos.
- Si se trata de la última carrera del encuentro: regreso a una alimentación de entrenamiento armoniosa, glucídica o protídica.
- Si se trata de la última carrera de la temporada: regreso a una alimentación sana equilibrada.
- Si se prevén otras pruebas en los días siguientes: aumente la ración protídica (pescados, féculas).

Conclusión

Requerimientos previstos en los días siguientes: aumente la ración protídica (pescados, féculas).

Squash

Equipamiento y condiciones físicas

Deporte
Lúdico, practicado individualmente o en el seno de un equipo; tonificante y estimulante; necesita sentido táctico, habilidad, flexibilidad y relajación.

Equipamiento ++
Raqueta, zapatillas, pelotas.

Lugar
Sala acondicionada.

Temporada
Todas.

Esfuerzo
Intenso; intermitente; partes del cuerpo implicadas: todas; duración: de 30 a 45 minutos.

Riesgos de accidentes
- Anatómicos: torceduras, lesiones musculares, tendinosas.
- Fisiológicos: golpe en el ojo.

Contraindicaciones
- Anatómicas: debilidad articulatoria; patología lumbar.
- Fisiológicas: debilidad cardiaca ignorada particularmente después de los 35 años.

Edad límite
De 10 a 55 años; edad óptima: de 20 a 30 años.

Beneficios fisiológicos
Cardiovasculares y resistencia aerobia; pérdida de grasa; potencia muscular; equilibrio y reflejos.

Condiciones de integración en deporte salud

Algunas sesiones al mes escogiendo su ritmo e incluso a su contrario con acondicionamiento físico.

Dieta

Alimentación sana estándar más o menos estricta según la edad; última comida tres horas antes de la sesión.

Práctica deportiva

Modo de ejercicio dominante

- Ante todo resistencia láctica, pero también resistencia sostenida y potencia; BI: reflejos, equilibrio, visión de la pelota.
- Ejercicio practicado en resistencia láctica no regulada.

Ración de entrenamiento

- Nivel calórico: 700 a 800 cal por hora; 3.000 a 3.500 cal al día.
- Composición: glúcidos lentos, 60 %; pocos lípidos; prótidos, 2 g por kilo y día; no olvide el agua (2,5 l al día) y las fibras.
- Aproximadamente 65 % de glúcidos lentos si la prueba se prolonga; 20 g de prótidos una hora y media antes de los entrenamientos si se trabaja la potencia.

Hábitos

Responsables: sin tabaco ni alcohol, dedicar bastantes horas al sueño y la relajación, etc.

Comportamiento

No ir más allá de sus propias posibilidades cardiocirculatorias.

Entrenamiento básico

En resistencia y potencia, pero también en resistencia sostenida para el corazón, la recuperación.

Raciones pericompetitivas

- Ración percompetitiva: no necesaria, posible entre dos sesiones: líquida o sólida (glucosa, alimentación concentrada).
- Comida precompetitiva tres horas antes.
- Ración de espera: agua + glucosa si existe estrés.
- Ración de recuperación: rehidratación energética.

Condiciones externas
- Poca repercusión en el interior.
- Aumente la ración hídrica si existe el riesgo de deshidratación.
- No olvide la vitamina A si el ejercicio se realiza con luz artificial.

Organización del tiempo

Horario preferente
- A veces por la mañana:
  — cena de la víspera: recarga glucogénica;
  — desayuno temprano, a la inglesa.
- Por la tarde:
  — desayuno abundante, hiperglucídico, continental;
  — almuerzo más temprano, ligero, polivalente.
- Al final de la tarde, a las seis (en verano):
  — almuerzo rico en azúcares lentos;
  — merienda más temprana, polivalente: minicomida.
- Si se celebran dos partidos en un mismo día:
  — más de tres horas de diferencia: comida precompetitiva con una ración de espera eventual;
  — menos de tres horas de diferencia: ración líquida y sólida percompetitiva.

Calendario de pruebas y alimentación
- La primera comida poscompetitiva será hiperglucídica lenta, pobre en lípidos y en prótidos.
- Si se trata del último partido del encuentro: regreso a una alimentación de entrenamiento armoniosa, glucídica o protídica.
- Si se trata del último partido de la temporada: regreso a una alimentación sana equilibrada.
- Si se prevén otras pruebas en los días siguientes: aumente la ración protídica y de glúcidos lentos.

Conclusión

Actividad general muy intensa; estimulación cardiorrespiratoria.

SUBMARINISMO

Equipamiento y condiciones físicas

Deporte
Lúdico; se practican en parejas o en grupo; tonificante y rítmico; necesitan potencia y resistencia, agilidad y flexibilidad.

Equipamiento +++
Traje, máscara, aletas, botella.

Lugar
Agua.

Temporada
Primavera, verano.

Esfuerzo
Medio; continuo; partes del cuerpo implicadas: piernas; duración: variable según las modalidades.

Riesgos de accidentes
Cardiacos y pulmonares. Riesgo vital: ahogo.

Contraindicaciones
- Fisiológicas: cardiacos (debilidad ignorada).
- Varias: toda patología de la esfera ORL.

Edad límite
De 10 a 60 años; edad óptima: de 20 a 50 años.

Beneficios fisiológicos
Equilibrio y reflejos; beneficio cardiovascular; resistencia aerobia; pérdida de grasa y potencia muscular.

Condiciones de integración en deporte salud
Algunas salidas al mes y acondicionamiento físico.

Dieta

Alimentación sana más o menos estricta según la edad; última comida tres horas antes de la sesión.

Práctica deportiva

Modo de ejercicio dominante

- En resistencia sostenida, pero también con puntas de aceleración; BI muy importante: equilibrio, reflejos, sentido de la posición del cuerpo.
- Esfuerzo físico en resistencia sostenida más dominio corporal perfecto.

Ración de entrenamiento

- Nivel calórico: 600 cal por hora; 3.500 a 4.000 cal al día.
- Composición: glúcidos lentos, 60 %; lípidos sobre todo si el agua está fría; prótidos, de 1,5 a 2 g por kilo y día; no olvide el agua (2 l al día) y las fibras.
- Eventualmente tres cenas a 65 % de glúcidos lentos o régimen disociado simplificado si se realizan inmersiones de larga duración.

Hábitos

Muy estrictos: sin tabaco ni alcohol, descanso, etc. Equilibrio psicológico perfecto.

Comportamiento

Ser consciente del peligro potencial; no salir nunca sólo.

Entrenamiento básico

En resistencia sostenida para el corazón y la forma; en resistencia para la reserva.

Raciones pericompetitivas

- Ración percompetitiva: no necesaria, no es posible durante el esfuerzo físico.
- Tiene mucha importancia la comida precompetitiva tres horas antes.
- Ración de espera: basta con hidratación ligera y eventualmente energética.
- Ración de recuperación: sobre todo energética.

Condiciones externas

- Inmersión en agua fría: aumente los lípidos los días precedentes, más dulce de almendras y oleaginosas. Fuente de vitamina A si la inmersión tiene lugar en aguas profundas.

Organización del tiempo

Horario preferente

- Por la mañana, entre las diez y las once:
— cena de la víspera: recarga glucogénica;
— desayuno temprano, a la inglesa.
- Por la tarde, a las tres:
— desayuno abundante, hiperglucídico, continental;
— almuerzo más temprano, ligero, polivalente.
- Más raramente al final de la tarde, a las seis:
— almuerzo rico en azúcares lentos;
— merienda más temprana, polivalente: minicomida.
- Si se realizan dos salidas en un mismo día:
— más de tres horas de diferencia: comida precompetitiva y eventualmente ración de espera;
— menos de tres horas de diferencia: ración líquida y sólida percompetitiva.

Calendario de pruebas y alimentación

- La primera comida poscompetitiva será hiperglucídica lenta, pobre en lípidos y en prótidos.
- Si se trata de la última salida de una estancia: regreso a una alimentación de entrenamiento armoniosa, glucídica o protídica.
- Si se trata de la última salida de la temporada: regreso a una alimentación sana equilibrada.
- Si se prevén otras pruebas en los días siguientes: recuperación más importante y más rápida de las proteínas (pescados, féculas).

Conclusión

Actividad de riesgo cierto que precisa el dominio del comportamiento y exige capacidad y precauciones varias. Es preciso estar permanentemente vigilante.

Tenis

Equipamiento y condiciones físicas

Deporte
Lúdico, practicado en simples o dobles, eventualmente en equipo; necesita sentido táctico, habilidad, flexibilidad y relajación.

Equipamiento +++
Raqueta, pelotas, zapatillas adaptadas a la cancha.

Lugar
Varios suelos (interior o exterior).

Temporada
Primavera, verano (otoño e invierno en pista cubierta).

Esfuerzo
Importante; intermitente; partes del cuerpo implicadas: todas; duración: de una hora y media a tres horas.

Riesgos de accidentes
- Anatómicos: torceduras de los miembros inferiores, tenis elbow, periostitis en los jóvenes.
- Fisiológicos: debilidad cardiaca.

Contraindicaciones
- Anatómicas: debilidad de rodillas y tobillos; patologías de los discos cervicales y lumbares.
- Fisiológicas: debilidad cardiaca.

Edad límite
De 10 a 60 años; edad óptima: de 18 a 27 años.

Beneficios fisiológicos
Cardiovasculares y potencia muscular; equilibrio y reflejos; pérdida de grasa; resistencia sostenida aerobia y flexibilidad.

Condiciones de integración en deporte salud
Algunos partidos al mes escogiendo al contrario y el ritmo con acondicionamiento físico.

Dieta
Alimentación sana clásica más o menos estricta según la edad; última comida tres horas antes de la sesión.

Práctica deportiva

Modo de ejercicio dominante
- Resistencia para la carrera y potencia para el servicio, remates, etc.; BI muy importantes: reflejos, equilibrio, visión de la bola.
- Ejercicio físico en resistencia y potencia, a veces prolongado en resistencia sostenida.

Ración de entrenamiento
- Nivel calórico: 800 cal por hora en simples; 3.000 a 3.500 cal al día.
- Composición: glúcidos lentos, 60 %; pocos lípidos antes de la competición; prótidos, de 2 a 2,5 g por kilo y día; no olvide el agua (2,5 l al día) y las fibras.
- Eventualmente 20 g de proteínas antes de los entrenamientos o tres cenas al 65 % de glúcidos lentos si el partido es de larga duración.

Hábitos
Estrictos para la BI: sin tabaco ni alcohol, vida apacible.

Comportamiento
Adaptar su modo de juego a su edad fisiológica.

Entrenamiento básico
En resistencia y potencia para el juego; en resistencia sostenida para el corazón y la recuperación.

Raciones pericompetitivas
- Ración percompetitiva: posible entre dos juegos o sets; líquido + sólido.
- Ración de espera: agua glucosada si existe estrés.
- Ración de recuperación: rehidratación energética, desintoxicación si el partido se prolonga.

Condiciones externas

- En caso de calor: duplique la ración hídrica y añada sal.
- En caso de frío: aumente los lípidos, dulce de almendras.
- No olvide la vitamina A si la luz es artificial.

Organización del tiempo

Horario preferente

- Por la mañana:
— cena de la víspera: recarga glucogénica;
— desayuno temprano, a la inglesa.
- Por la tarde:
— desayuno abundante, hiperglucídico, continental;
— almuerzo más temprano, ligero, polivalente.
- Al final de la tarde:
— almuerzo rico en azúcares lentos;
— merienda más temprana, polivalente: minicomida.
- Si se celebran dos partidos en un mismo día (eliminatorias):
— más de tres horas de diferencia: comida precompetitiva con ración de espera;
— menos de tres horas de diferencia: ración líquida y sólida percompetitiva.

Calendario de pruebas y alimentación

- La primera comida poscompetitiva será hiperglucídica lenta, pobre en lípidos y en prótidos.
- Si se trata del último partido de un torneo: regreso a una alimentación de entrenamiento armoniosa, glucídica o protídica.
- Si se trata del último partido de la temporada: regreso a una alimentación sana equilibrada.
- Si se prevén otros partidos en los días siguientes: aumente la ración protídica y la recarga de glúcidos lentos por la noche.

Conclusión

Deporte lúdico; requerimientos cardiovasculares y musculares; deberá adaptarse en función de sus posibilidades.

TENIS DE MESA

Equipamiento y condiciones físicas

Deporte
Lúdico, practicado individualmente o en dobles, a veces en equipo; tonificante, necesita el sentido táctico, habilidad, flexibilidad, relajación.

Equipamiento ++
Raqueta, pelotas, zapatillas.

Lugar
Sala.

Temporada
Todas.

Esfuerzo
Importante; intermitente; partes del cuerpo implicadas: todas; duración: de 40 minutos a una hora y media.

Riesgos de accidentes
Anatómicos: torceduras de tobillos, trastornos en las muñecas.

Contraindicaciones
- Anatómicas: vertebrales (lumbalgias).
- Fisiológicas: cardiacas (debilidad cardiaca ignorada).

Edad límite
De 7 a 70 años; edad óptima: de 17 a 28 años.

Beneficios fisiológicos
Equilibrio y reflejos; potencia muscular; beneficio cardiovascular; resistencia sostenida aerobia; flexibilidad.

Condiciones de integración en deporte salud
Algunos partidos al mes o a la semana, escogiendo bien al compañero y adaptándose a su ritmo.

Dieta
Alimentación sana más o menos estricta según la edad; última comida dos o tres horas antes del partido.

Práctica deportiva

Modo de ejercicio dominante
En potencia, pero también en resistencia láctica si el intercambio es largo, incluso en resistencia sostenida si el partido se prolonga; BI importante: equilibrio, reflejos, visión de la pelota.

Ración de entrenamiento
- Nivel calórico: 500 a 600 cal por hora; 3.000 a 3.500 cal al día.
- Composición: glúcidos lentos, 60-65 %; pocos o sin lípidos; prótidos, 2,5 g por kilo y día; no olvide el agua (2,5 l al día) y las fibras.
- No olvide las vitaminas B_1, B_6, fósforo y magnesio para los reflejos.

Hábitos
Responsables: sin tabaco ni alcohol, con el descanso adecuado, etc.

Comportamiento
Adaptar su modo de juego a su edad fisiológica.

Entrenamiento básico
Técnica: en potencia; pero también en resistencia sostenida para el corazón y la recuperación.

Raciones pericompetitivas
- Ración percompetitiva imposible y no necesaria. De ahí la importancia de la comida precompetitiva tres horas antes.
- Ración de espera: agua glucosada si existe estrés.
- Ración de recuperación: rehidratación y aporte energético.

Condiciones externas
- Poca repercusión en el interior.

- Aumente la hidratación si hace calor.
- Aumente discretamente los lípidos si hace frío.

Organización del tiempo

Horario preferente

- A veces por la mañana:
— cena de la víspera: recarga glucogénica;
— desayuno temprano, a la inglesa.
- Por la tarde:
— desayuno abundante, hiperglucídico, continental;
— almuerzo más temprano, ligero, polivalente.
- Al final de la tarde (entre semana):
— almuerzo rico en azúcares lentos;
— merienda más temprana, polivalente: minicomida.
- Por la noche (gala):
— almuerzo glucídico tardío;
— merienda cena alrededor de las seis: comida precompetitiva.
- Si se celebran dos partidos en un mismo día (eliminatorias):
— más de tres horas de diferencia: comida precompetitiva con una ración de espera eventual;
— menos de tres horas de diferencia: ración líquida y sólida percompetitiva.

Calendario de pruebas y alimentación

- La primera comida poscompetitiva será hiperglucídica, lenta, pobre en lípidos y en prótidos.
- Si se trata del último partido de un torneo: regreso a una alimentación de entrenamiento armoniosa, glucídica o protídica.
- Si se trata del último partido de la temporada: regreso a una alimentación sana y equilibrada.
- Si se prevén otras pruebas en los días siguientes: aumente la ración de prótidos y la recarga de glúcidos lentos por la noche.

Conclusión

Actividad moderada lúdica, que puede ser practicada hasta una edad muy avanzada.

Tiro con arco

Equipamiento y condiciones físicas

Deporte

Lúdico, individual o en equipo; a la vez sano y tonificante; necesita habilidad, perfecto control de las posiciones y las emociones.

Equipamiento +++

Arco, flechas, protecciones.

Lugar

Terrenos varios (exterior e interior).

Temporada

Todas.

Esfuerzo

Moderado; intermitente; partes del cuerpo implicadas: conjunto en estático; duración: de una a dos horas.

Riesgos de accidentes

Ninguno.

Contraindicaciones

Ninguna.

Edad límite

De 10 a 70 años; edad óptima: de 20 a 25 años.

Beneficios fisiológicos

Equilibrios y reflejos; potencia muscular; beneficio cardiovascular; resistencia aerobia y flexibilidad.

Condiciones de integración en deporte salud

Muy simple; con acondicionamiento físico.

Dieta

Alimentación sana más o menos estricta según la edad; última comida un tiempo antes de la sesión.

Práctica deportiva

Modo de ejercicio dominante

- Fuerza y velocidad en potencia instantánea (tensar el arco), pero también resistencia sostenida física y psicológica; BI muy importante: equilibrio del cuerpo, reflejos, visión del blanco.
- Ejercicio físico practicado en potencia repetitiva con BI capital.

Ración de entrenamiento

- Nivel calórico: 200 a 250 cal por hora; 3.000 cal al día.
- Composición: glúcidos lentos, 55-60 %; pocos o sin lípidos; prótidos, 2 g por kilo y día; no olvide el agua (2,5 l al día) y las fibras.
- Para mantener el equilibrio nervioso: tome vitaminas B_1, B_6, fósforo y magnesio.

Hábitos

Muy estrictos; sin tabaco ni alcohol, descanso, relajación, etc.

Comportamiento

Intente suplantar el físico por el mental.

Entrenamiento básico

- Técnica y resistencia sostenida suave para la forma general.
- Relajación y visualización para el equilibrio psicológico.

Raciones pericompetitivas

- Ración percompetitiva: posible, poco necesaria. Líquido + glucosa o sólido en pequeña cantidad.
- Ración de espera: hidratación discreta.
- Ración de recuperación: rehidratación discreta y aporte energético.

Condiciones externas

- En caso de calor: aumente la hidratación y añada un poco de sal.
- En caso de frío: aumente un poco los lípidos.
- No olvide la vitamina A si la luz es artificial.

Organización del tiempo

Horario preferente

- Por la mañana:
  — cena de la víspera: recarga glucogénica;
  — desayuno temprano, a la inglesa.
- Por la tarde:
  — desayuno abundante, higlucídico, continental;
  — almuerzo más temprano, ligero, polivalente.
- Al final de la tarde:
  — almuerzo rico en azúcares lentos;
  — merienda más temprana, polivalente: minicomida.
- Por la noche:
  — almuerzo glucídico tardío;
  — merienda cena alrededor de las seis: comida precompetitiva.
- Si se convocan dos sesiones en un mismo día (eliminatorias):
  — más de tres horas de diferencia: comida precompetitiva con una ración de espera eventual;
  — menos de tres horas de diferencia: ración líquida y sólida percompetitiva.

Calendario de pruebas y alimentación

- La primera comida poscompetitiva será higlucídica lenta, pobre en lípidos y en prótidos.
- Si se trata de la última serie del encuentro: regreso a una alimentación de entrenamiento armoniosa, glucídica o protídica.
- Si se trata de la última serie de la temporada: regreso a una alimentación sana equilibrada.
- Si se prevén otras pruebas en los días siguientes: aumente la ración protídica.

Conclusión

Actividad deportiva que necesita el control de las propias posiciones y emociones; practicable hasta una edad muy avanzada.

VELA

Equipamiento y condiciones físicas

Deporte

Tonificante, incluso atlético; practicado individualmente o en equipo; necesita el sentido de la orientación, agilidad, flexibilidad, resistencia sostenida.

Equipamiento +++

Depende de la práctica.

Lugar

Agua.

Temporada

Todas.

Esfuerzo

Debe ser importante, pero intermitente.
Partes del cuerpo implicadas: tronco, brazos; riesgo vital: ahogo; duración: de una hora a varios meses.

Riesgos de accidentes

Anatómicos: traumatismos debidos a choques.

Contraindicaciones

- Anatómicas: vertebrales (patologías vertebrales).
- Varias: dominio de la natación.

Edad límite

De 8 a 80 años; edad óptima: de 20 a 50 años.

Beneficios fisiológicos

Equilibrio y reflejos; resistencia sostenida aerobia; beneficio cardiovascular; potencia muscular y flexibilidad.

Condiciones de integración en deporte salud
Algunas salidas al mes con un acondicionamiento físico.

Dieta
Alimentación sana más o menos estricta según la edad; comida ligera poco tiempo antes de la salida.

Práctica deportiva

Modo de ejercicio dominante
- Resistencia sostenida, pero también potencia para la maniobra; BI muy importante: sentido de la orientación, equilibrio, reflejos.
- Esfuerzo físico practicado en resistencia sostenida con BI importante.

Ración de entrenamiento
- Nivel calórico: 500 a 600 cal por hora; 3.500 cal al día.
- Composición: glúcidos lentos, 60-65 %; pequeña cantidad de lípidos; prótidos, de 1,5 a 2 g por kilo y día; no olvide el agua (2,5 l al día) y las fibras.
- Eventualmente tres cenas al 65 % de glúcidos lentos o un régimen disociado simplificado en cuatro días si la competición es de larga duración.

Hábitos
Responsables: poco tabaco y alcohol, descanso regular, relajación, etc.

Comportamiento
Siempre tener consciencia del riesgo del medio ambiente.

Entrenamiento básico
Técnico, pero también en resistencia sostenida suave para la condición física y para la recuperación.

Raciones pericompetitivas
- Ración percompetitiva: posible y necesaria. Ración líquida hidratante y glucosada más sólida (alimentación concentrada).
- Ración de espera: hidratación glucosada si existe estrés.
- Ración de recuperación: ante todo energética.

Condiciones externas

Las condiciones climáticas son importantes.
* En caso de calor: aumente la hidratación y añada un poco de sal.
* En caso de frío: aumente la ración lipídica y consuma dulce de almendras u oleaginosas.
* No olvide la vitamina A en caso de que participe en una competición de larga duración por la noche.

Organización del tiempo

Horario preferente

* Salida durante la mañana:
— cena de la víspera: recarga glucogénica;
— desayuno temprano, a la inglesa.
* Por la tarde:
— desayuno abundante, hiperglucídico, continental;
— almuerzo más temprano, ligero, polivalente.
* Si dura varios días: ración de entrenamiento aumentada en glúcidos lentos, lípidos si hace frío, prótidos si el tiempo está revuelto.

Calendario de pruebas y alimentación

* La primera comida tras una regata será hiperglucídica lenta, pobre en lípidos y en prótidos.
* Si se trata de la última regata del encuentro: regreso a una alimentación de entrenamiento armoniosa, glucídica o protídica.
* Si se trata de la última regata de la temporada: regreso a una alimentación sana equilibrada.
* Si se prevén otras pruebas en los días siguientes: aumente los glúcidos lentos por la noche y un poco los prótidos.

Conclusión

Actividad deportiva que implica una variedad de esfuerzos y un control emocional importante; puede practicarse hasta una edad muy avanzada.

WINDSURF

Equipamiento y condiciones físicas

Deporte
A la vez lúdico y atlético.
Se practica individualmente, o en el seno de un equipo.
Requiere flexibilidad, relajación y potencia muscular.

Equipamiento +++
Traje, tabla de *windsurf*, zapatillas.

Lugar
Agua.

Temporada
Primavera, verano, otoño.

Esfuerzo
Debe ser alto y continuo.
Partes del cuerpo implicadas: todas; riesgo vital: es preciso saber nadar bien; duración: una hora.

Riesgos de accidentes
Torceduras, traumatismo, choques.

Contraindicaciones
- Anatómicas: debilidad de los tobillos y de las rodillas.
- Vertebrales: patologías vertebrales.

Edad límite
De 14 a 60 años; edad óptima: de 20 a 35 años.

Beneficios fisiológicos
Equilibrio y reflejos; potencia muscular; beneficio cardiovascular; resistencia sostenida; resistencia aerobia; flexibilidad.

Condiciones de integración en deporte salud
Algunas salidas al mes asociadas a un acondicionamiento físico.

Dieta
Alimentación sana más o menos estricta según la edad; última comida dos horas y media o tres horas antes de la salida.

Práctica deportiva

Modo de ejercicio dominante
En resistencia láctica, pero también en potencia para pasar ciertos cabos; BI importante: sentido del equilibrio, reflejos, agudeza visual.

Ración de entrenamiento
- Nivel calórico: 500 a 600 cal por hora; 3.500 cal al día.
- Composición: glúcidos lentos, 60 %; pocos o sin lípidos; prótidos, 2 g por kilo y día; no olvide el agua (2,5 l al día) y las fibras.
- Eventualmente tres comidas al 65 % de glúcidos lentos si la prueba es de resistencia o 20 g de proteínas antes de los entrenamientos si el esfuerzo es en potencia.

Hábitos
Estrictos para BI; sin tabaco ni alcohol, descanso, vida regular, etc.

Comportamiento
Ser consciente de los riesgos del entorno.

Entrenamiento básico
Calidad técnica más resistencia para la forma y el corazón.

Raciones pericompetitivas
- Ración percompetitiva no necesaria e imposible. De ahí la importancia de la comida precompetitiva tres horas antes.
- Ración de espera y ración de recuperación: esencialmente energéticas.

Condiciones externas
- En caso de calor: aumente la ración hídrica pre y poscompetitiva.
- En caso de ambiente frío: combine y aumente los lípidos en los días precedentes, más oleaginosos y dulce de almendras.

Organización del tiempo

Horario preferente

- Si la competición tiene lugar por la mañana:
  — cena de la víspera: recarga glucogénica;
  — desayuno temprano, a la inglesa.
- Si la competición tiene lugar por la tarde:
  — desayuno abundante, hiperglucídico, continental;
  — almuerzo más temprano, ligero, polivalente.
- Si la competición tiene lugar por la tarde (en verano):
  — almuerzo rico en azúcares lentos;
  — merienda más temprana, polivalente: minicomida.
- Si se convocan dos sesiones en un mismo día:
  — más de tres horas de diferencia: comida precompetitiva y eventualmente ración de espera;
  — menos de tres horas de diferencia: ración líquida y sólida percompetitiva.

Calendario de pruebas y alimentación

- La primera comida poscompetitiva será hiperglucídica lenta, pobre en lípidos y en prótidos.
- Si se trata de la última prueba de la temporada: regreso a una alimentación sana o alimentación de entrenamiento armoniosa, glucídica o protídica.
- Si se prevén otras pruebas en los días siguientes, a la mañana siguiente o a menos de tres días: recuperación más rápida de las proteínas (pescados, féculas).

Conclusión

Actividad que requiere captores sensitivos, flexibilidad y potencia, regulable en esfuerzo.

Conclusión

Esta obra habrá alcanzado su objetivo si contribuye en parte a crear deportistas felices. Los otros dos elementos del tríptico del buen deporte son: un entrenamiento físico regular y una preparación psicológica adaptada.

Los deportistas pueden sentirse dichosos si aprovechan plenamente la práctica y obtienen el máximo provecho cada día, pues no hay que olvidar que la salud y el deporte son indisociables.

ANEXOS

Lista de sustancias prohibidas por el Consejo Superior de Deportes[2]

Analgésicos narcóticos

Alfaprodina
Alfentanilo
Anileridina
Buprenorfina
Butorfanol
Dextromoramida
Diamorfina (heroína)
Dipipanona
Etoheptazina
Fenazocina
Fenoperidina
Fentanilo
Hidrocodona
Hidromorfona
Levorfanol
Metadona
Morfina (concentración urinaria superior a 1 μg/ml)
Nalbufina
Nalorfina
Pentazocina
Petidina
Tilidina
Trimeperidina

Anestésicos locales

En algunos casos se autoriza el uso de los anestésicos locales mediante inyecciones locales o articulares.

Bupivacaína
Lidocaína
Mepivacaína
Prilocaína
Procaína
Tetracaína

ß2-agonistas

Bambuterol
Clenbuterol
Fenoterol
Formoterol

2. Lista no exhaustiva y reactualizada periódicamente, extraída de la resolución de 16 de marzo de 1999 del Consejo Superior de Deportes, publicada en el BOE del 27 de marzo de 1999.

Reproterol
Salbutamol
Salmeterol
Terbutalina

Bloqueantes ß-adrenérgicos

Los bloqueantes ß-adrenérgicos se prohíben el los casos en los que su ingesta pueda modificar artificialmente el rendimiento deportivo.

Acebutolol
Alprenolol
Atenolol
Betaxolol
Bisoprolol
Bufarolol
Bunolol
Carteolol
Carvedilol
Celiprolol
Labetalol
Mepindolol
Metoprolol
Nadolol
Oxprenolol
Penbutolol
Pindolol
Propranolol
Sotalol
Timolol

Corticosteroides

En algunos casos se autoriza su uso en aplicaciones locales, en inhalación y en inyecciones locales e intraarticulares.

Beclometasona
Betametasona
Cortisona
Dexametasona
Fludrocortisona
Fluocinolona
Hidrocortisona
Metilprednisolona
Parametasona
Prednisolona
Prednisona
Triamcinolona

Diuréticos

Acetazolamida
Ácido etacrínico
Altizida
Amilorida
Bendroflumetiazida
Benztiazida
Bumetanida
Canrenona
Ciclotiazida
Clopamida
Clormerodrina
Clortalidona
Diclofenamida
Espironolactona
Etozolina
Furosemida
Hidroclorotiazida
Indapamida
Isosorbida
Manitol (se autoriza en algunos casos cuando figura como exci-

piente en la composición de otro medicamento)
Mebutizida
Mersalil
Metolazona
Piretanida
Teclotiazida
Torasemida
Triamtereno
Triclormetiazida
Trometamol (se autoriza como excipiente en la composición de otro medicamento)
Xipamida

Esteroides anabolizantes androgénicos (tipo A)

Bolasterona
Boldenona
Calusterona
Clostebol
Danazol
Dehidroclorometiltestosterona
Drostanolona
Estanozolol
Gestrinona
Fluoximesterona
Formebolona
Furazabol
Mestanolona
Mesterolona
Metandienona
Metandriol
Metenolona
Metiltestosterona
Mibolerona
Nandrolona
19-Norandrostendiol
19-Norandrostendiona
Noretandrolona
Oxabolona
Oxandrolona
Oximesterona
Oximetolona
Quinbolona
Trenbolona

Esteroides anabolizantes androgénicos (tipo B)

Androstendiol
Androstendiona
Dihidrotestosterona (androstanolona)
Prasterona (dehidroepiandrosterona, DHEA)
Testosterona (cuando el cociente entre las concentraciones urinarias de testosterona y epitestosterona sea superior a 6 y no se deba a causas fisiológicas o patológicas)

Estimulantes (tipo A)

Amifenazol
Bambuterol
Cafedrina
Cafeína (concentración urinaria superior a 12 μg/ml)
Catina (concentración urinaria superior a 5 μg/ml)
Clorprenalina
Cropropamida
Crotetamida
Efedrina (concentración urinaria superior a 5 μg/ml)

Estricnina
Etafedrina
Etamiván
Etilefrina
Fencamfamina
Fenilefrina (se autoriza en preparaciones tópicas)
Fenilpropanolamina (con una concentración urinaria superior a los 10 μg/ml)
Fenoterol
Formoterol
Heptaminol
Isoprenalina
Metaraminol
Metilefedrina (concentración urinaria superior a 5 μg/ml)
Metoxamina
Niquetamida
Orciprenalina
Pentetrazol
Procaterol
Prolintano
Propilhexedrina
Pseudoefedrina (con una concentración urinaria superior a los 10 μg/ml)
Reproterol
Salbutamol (se autoriza en algunos casos en inhalación)
Salmeterol (se autoriza en algunos casos en inhalación)
Terbutalina (se autoriza en algunos casos en inhalación)

Estimulantes (tipo B)

Amineptina
Anfepramona (dietilpropión)
Anfetamina
Anfetaminil
Benfluorex
Benzfetamina
Bromantán
Carfedón
Clobenzorex
Clorfentermina
Clortermina
Cocaína
Dexfenfluramina
Dimetanfetamina
Etilanfetamina
Fendimetrazina
Fenetilina
Fenfluramina
Fenmetrazina
Fenproporex
Fentermina
Foledrina
Furfenorex
Mazindol
Mefenorex
Mefentermina
Mesocarb
Metanfetamina
Metilendioxianfetamina
Metilendioxietilanfetamina
Metilendioximetanfetamina
Metilfenidato
Metoxifenamina
Morazona
Norfenfluramina
Parahidroxianfetamina
Pemolina
Pipradol
Pirovalerona
Selegilina

Hormonas peptídicas, sustancias miméticas y análogos

Gonadotrofina coriónica
Gonadotrofinas de origen hipofisiario o sintéticas (LH)
Corticotrofinas (ACTH, Tetracosáctido)
Hormona del crecimiento (hGH)
Somatomedina C (IGF-1) y todos sus respectivos factores liberadores
Eritropoyetina (Epoetina alfa, EPO)
Insulina (sólo en el tratamiento de diabetes)

Otras sustancias

Cannabis y sus derivados (concentración urinaria de ácido 11-nor-delta-9-tetrahidrocannabinol-9-carboxílico superior a 15 ng/ml)
Alcohol (concentración en sangre superior a 0,5 g/l)

Lista de sustancias cuyo empleo en competición está autorizado[3]

Adrenalina y otros vasoconstrictores (cuando se administran junto con un anestésico local)
Codeína
Dextrometorfano
Dextropropoxifeno
Difenoxilato
Dihidrocodeína
Dimemorfano
Etilmorfina
Folcodina
Imidazol
Loperamida
Noscapina
Oxinetazolina
Propoxifeno

---

3. Lista no exhaustiva y reactualizada periódicamente, extraída como la anterior de la resolución de 16 de marzo de 1999 del Consejo Superior de Deportes, publicada en el BOE del 27 de marzo de 1999.

Índice analítico

Accidentes, 30
Agua, 81
Alcohol, 58
Almacenamiento nutritivo, 40
Ateroma, 50
Bioinformación (o BI), 138
Combustible, 75
Chequeo
   cardiorrespiratorio, 64
Comida, 112
— poscompetitiva, 112
— precompetitiva, 141
Contracción, 72
Cura hídrica, 111
Descanso, 58
Desfallecimiento
   muscular, 125
Diabetes, 50
Embarazo, 120
Entrenamiento, 123
— físico, 130
— psicológico, 130
Estrés, 22
Excitantes, 24
Fibras, 81
— musculares, 75
Glúcidos, 37

Glucógeno, 77
— hepático, 77
— muscular, 77
Glucosa, 74
Hábitos, 23
Láctico (ácido), 33
Lípidos, 37, 78
Macronutrientes, 36
Masa muscular, 94
Menopausia, 121
Menstruación, 119
Micronutrientes, 42
Músculo, 71
Nutrientes, 36, 76
— combustibles, 76
— de mantenimiento, 79
Oligoelementos, 43, 45
Particularidades, 116
— femeninas, 116
— fisiológicas, 116
— nutricionales, 117
Píldora, 119
Posmenopausia, 121
Prótidos, 38, 80
Dieta, 36
— de entrenamiento, 82
— de espera, 101

— percompetitiva, 106
— pericompetitiva, 98
— poscompetitiva, 111
— posdeportiva, 115
— precompetitiva, 98
— de recuperación, 111
— sana, 43
Ración, 108, 109
— gaseosa, 109
— sólida, 108
Régimen, 90
— disociado, 90
— hiperprotídico, 94
Rendimiento, 71
Reservas, 73
— de ATP, 73
— glucógenas, 90
Resistencia, 135
— sostenida, 136

Ritmo, 31
— cardiaco, 31
— respiratorio, 31
Sal, 107
Sales minerales, 43
Sedentarismo, 23
Sobrepeso, 25, 52
Tabaco, 58
Temperatura corporal, 31
Tranquilizantes, 24
Trastornos, 25-28
— cardiovasculares, 25-28
— circulatorios, 25
Vegetarianismo, 127
Vitaminas, 42, 44
Volumen, 43, 118
— alimenticio, 43
— calórico, 118
Vulnerabilidad, 34

La dieta del deportista